"有礼"走天下

走天下

领导礼仪八堂课

陈树文 万志全 编著

YOU LI
ZOU TIANXIA

不学礼 无以立

——孔子

东北财经大学出版社
Dongbei University of Finance & Economics Press
大连

© 陈树文 万志全 2011

图书在版编目（CIP）数据

有"礼"走天下：领导礼仪八堂课／陈树文，万志全编著.
—大连：东北财经大学出版社，2011.12
（智播客领导智慧系列）
ISBN 978-7-5654-0430-6

Ⅰ．有… Ⅱ．①陈… ②万… Ⅲ．领导人员-礼仪-基本知识
Ⅳ．①C933 ②K891

中国版本图书馆 CIP 数据核字（2011）第 153734 号

东北财经大学出版社出版
（大连市黑石礁尖山街 217 号 邮政编码 116025）
教学支持：（0411）84710309
营 销 部：（0411）84710711
总 编 室：（0411）84710523
网 址：http://www.dufep.cn
读者信箱：dufep@dufe.edu.cn

大连图腾彩色印刷有限公司印刷 东北财经大学出版社发行

幅面尺寸：170mm×240mm 字数：155 千字 印张：13 1/4 插页：1
2011 年 12 月第 1 版 2011 年 12 月第 1 次印刷

责任编辑：孙 平 孙晓梅 责任校对：尹秀英
封面设计：冀贵收 版式设计：钟福建

ISBN 978-7-5654-0430-6
定价：26.00 元

前　言

不学礼，无以立。

——孔子

在现代社会，礼仪修养至关重要。良好的礼仪修养已经成为一个人、一个单位和一个国家社会文明程度的标志。优雅的行为举止、得体的仪态和言语文化、真挚的情感和规范化的礼仪，成为人与人之间沟通的桥梁，其力量和价值都是无可比拟的。

本书的八堂课从传统的礼仪讲到现代的干部礼仪修养，希望以此提高领导干部言行的规范化，更好地体现我们国家的领导干部的整体素养。本书内容包括语言艺术、职场礼仪、举止气质、形象、仪表、外事规范，以及内在修养等方面，对领导干部开展工作和进行自身修养提出了具体的要求，提供了切实可行的操作方法。可以说，本书是广大领导干部坚持执政为民理念，坚持民主执政、科学执政、规范执政，加强自身修养的必修读物，同时也是各级党政组织和党校开展干部培训的参考教材，对于启迪干部的服务意识、拓展新知识、加强干部修养、提升领导水平是十分有意义的。

编著者
2011 年 11 月

目 录

有"礼"走天下
——领导礼仪八堂课

2

懂礼说礼

《礼记》中说："人有礼则安，无礼则危。"

中国自古被称为礼仪之邦，人人守礼循仪，社会自然和谐。礼是人与人往来的法则。我国的传统教育要求人们在与人交往的过程中要遵守规矩，也就是待人接物的规矩。行礼应有节度，过与不及皆不合理。在社会生活中要遵守社会秩序，即社会有礼则秩序井然。《礼记》中说："人有礼则安，无礼则危。"义是求尽义务，不讲权利，言行思虑合情、合理、合法之谓义，就是真正认识自己的身份、地位，负责尽职，恪守本分。佛教中有"无缘大慈、同体大悲"的说法，是说众生本为一体，凡见他人所

需，无条件地提供协助，亦是恪尽为人之义务。遵礼守义，则无处不受欢迎。

一、礼仪的规范性

人要懂礼、说理，"有理走遍天下，无理寸步难行"。孔子曰："不学礼，无以立。"这是我们中国传统的礼仪道德，是众所周知的。2008 年我国成功地举办了举世闻名的奥运盛会，世界了解了中国，中国的礼仪也走向了世界各国友人的心中。礼仪的含义如下：所谓礼，就是人们在日常生活中自觉遵守的习惯，即道德规范，是在长期的社会生活中逐步形成的大家共同遵守的准则；仪是指人们的容貌、举止、神态、服饰，是一种外在的形式。礼仪具体体现在一定的社会道德观念和风俗习惯中，是通过语言、服饰、动作和举止表达人们礼貌的行为准则。

以案说礼

周总理为什么发火了

1962 年的一天，周总理到西郊机场为西哈努克和夫人送行。亲王的飞机刚一起飞，我国参加欢送的人群便自行散开，准备返回。而周总理这时却依然笔直地站在原地未动，并要工作人员立即把那些离去的同志请回来。这次周总理发了脾气，他变得严厉起来了，狠狠地批评了相关同志。

当天下午，周总理就把外交部礼宾司和国务院机关事务管理局的负责同志找去，要他们立即在《礼宾工作条例》上加上一条，即今后到机场为贵宾送行，须等到飞机起飞，绕场一周，双翼摆动三次表示谢意后，送行者方可离开。周总理之所以发火，就是因为有些人不懂礼节，特别是在有些领导干部身上表现得更为明显。

粗鲁的小老鼠

从前有一只小老鼠，总觉得自己了不起，对别人很不礼貌。

一次他去上学，一只蜗牛迎面走了过来，挡住了他的去路。小老鼠凶巴巴地说："小不点儿，滚开，别挡我的路！"小老鼠说着一脚踢了过去，把蜗牛踢得滚出去很远。

有一次，小老鼠到河边喝水，觉得河里的一条小鱼妨碍了他，于是，捡起一块石头就扔了过去。小鱼受到袭击，吓了一跳，慌忙躲避。小老鼠哈哈大笑着说："知道我的厉害了吧！"

一天晚上，小老鼠在回家的路上看见一只小猪躺在路边，就趾高气扬地说："谁给你这么大的胆子，竟敢挡住我的路！"说着，一脚踢了过去。"嘭"的一声，小老鼠正好踢在小猪的脚上，小猪倒没什么事，小老鼠却"哎哟，哎哟"地叫了起来，原来他的脚肿起了一个大包。小猪站起来，对小老鼠说："你对别人傲慢无礼，不懂得尊重人，今天尝到苦头了吧！只有尊重别人，才能获得别人的尊重。"小老鼠看着受伤的脚，羞愧地低下了头。

二、中西礼仪文化的发展

1. 中国礼仪的起源与发展

中国自古就以礼仪之邦著称于世，其漫长的礼仪发展史大致可以分为礼仪的萌芽时期、礼仪的初创时期、礼仪的形成时期、礼仪的发展和变革时期、礼仪的强化时期、礼仪的衰落时期、现代礼仪时期和当代礼仪时期。中国礼仪的形成和发展经历了一个从无到有、从低级到高级、从零散

到完整的渐进过程。

（1）礼仪的萌芽时期（公元前5万年—公元前1万年）

礼仪起源于原始社会，在长达100多万年的原始社会中，人类逐渐开化。在原始社会中晚期（约旧石器时期），出现了早期礼仪的萌芽。例如，生活在距今约1.8万年前的北京周口店山顶洞人，就已经知道打扮自己了。他们用穿孔的兽齿、石珠作为装饰品，挂在脖子上；他们在去世的族人身旁撒放赤铁矿粉，举行原始的宗教仪式，这是迄今为止在中国发现的最早的葬仪。

（2）礼仪的初创时期（公元前1万年—公元前22世纪）

公元前1万年左右，人类进入新石器时期。这时候，人类不仅能制作精细的磨光石器，并且开始从事农耕和畜牧。在其后数千年的岁月里，原始礼仪渐具雏形。例如，在西安附近的半坡遗址中，发现了生活在距今约5 000年前的半坡人的公共墓地。墓地中坑位排列有序，死者的身份有所区别，有带殉葬品的仰身葬，还有无殉葬品的俯身葬等。此外，仰韶文化时期的其他遗址及有关资料表明，当时人们已经注意尊卑有序、男女有别。长辈坐上席、晚辈坐下席，男子坐左边、女子坐右边等礼仪日趋明确。

（3）礼仪的形成时期（公元前21世纪—公元前771年）

约公元前21世纪—公元前771年，中国由金石并用时代进入青铜时代。金属器的使用，使农业、畜牧业、手工业生产跃上一个新台阶。随着生活水平的提高，社会财富除消费外有了剩余并逐渐集中在少数人手里，因而出现了阶级对立，原始社会由此解体。

在原始社会，由于缺乏科学知识，人们不理解一些自然现象。他们猜想，照耀大地的太阳是神，风有风神，河有河神……因此，他们敬畏

"天神"，祭祀"天神"。从某种意义上说，早期礼仪包含原始社会人类生活的若干准则，又是原始社会宗教信仰的产物。礼的繁体字"禮"，左边代表神，右边是向神进贡的祭物。因此，汉代学者许慎说："礼，履也，所以事神致福也。"（《说文解字》）

周朝对礼仪建树颇多，特别是周武王的兄弟、辅佐周成王的周公，对周代礼制的确立起到重要作用。他制作礼乐，将人们的行为举止、心理情操等统统纳入一个尊卑有序的模式之中。全面介绍周朝制度的《周礼》是流传至今的第一部礼仪专著。《周礼》（又名《周官》）本为一官职表，后经整理，成为讲述周朝典章制度的书。《周礼》原有6篇，详细介绍了六类官名及职权；现存5篇，第六篇用《考工记》弥补。六官分别称为天官、地官、春官、夏官、秋官、冬官。其中，天官主管宫事、财货等；地官主管教育、市政等；春官主管五礼、乐舞等；夏官主管军旅、边防等；秋官主管刑法、外交等；冬官主管土木建筑等。

春官主管的五礼即吉礼、凶礼、宾礼、军礼、嘉礼，是周朝礼仪制度的重要方面。吉礼，指祭祀的典礼；凶礼，主要指丧葬礼仪；宾礼，指诸侯对天子的朝觐及诸侯之间的会盟等礼节；军礼，主要包括阅兵、出师等仪式；嘉礼，包括冠礼、婚礼、乡饮酒礼等。由此可见，许多基本礼仪在商末周初已基本形成。此外，成书于商周之际的《易经》和在周代大体定型的《诗经》，也有一些涉及礼仪的内容。

在西周，青铜礼器是个人身份的象征。礼器的多寡代表身份地位的高低，形制的大小显示权力的等级。当时，贵族以佩带成组饰玉为风气；而相见礼和婚礼（包括纳采、问名、纳吉、纳徵、请期、亲迎等"六礼"）成为定式，在民间流行。此外，尊老爱幼等礼仪也已明显确立。

（4）礼仪的发展和变革时期（公元前770—公元前221年）

西周末期，王室衰微，诸侯纷起争霸。公元前770年，周平王东迁洛邑，史称东周。承继西周的东周王朝已无力全面恪守传统礼制，出现了所谓"礼崩乐坏"的局面。

春秋战国时期是我国奴隶社会向封建社会转型的时期。在此期间，相继涌现出孔子、孟子、荀子等思想巨人，发展和革新了礼仪理论。

孔子（公元前551—公元前479年）是中国古代大思想家、大教育家，他首开私人讲学之风，打破贵族垄断教育的局面。他删《诗》、《书》，定《礼》、《乐》，赞《周易》，修《春秋》，为历史文化的整理和保存做出了重要贡献。他编订的《仪礼》详细记录了战国以前贵族生活的各种礼节仪式。《仪礼》与前述《周礼》和孔门后学编的《礼记》合称"三礼"，是中国古代最早、最重要的礼仪著作。

孔子认为，"不学礼，无以立"。（《论语·季氏篇》）"质胜文则野，文胜质则史。文质彬彬，然后君子。"（《论语·雍也》）他要求人们用道德规范约束自己的行为，要做到"非礼勿视，非礼勿听，非礼勿言，非礼勿动"。（《论语·颜渊》）他倡导"仁者爱人"，强调人与人之间要有同情心，要互相关心，彼此尊重。总之，孔子较系统地阐述了礼及礼仪的本质与功能，把礼仪理论提高到一个新的高度。

孟子（约公元前372—公元前289年）是战国时期儒家的主要代表人物。在政治思想上，孟子把孔子的"仁学"思想加以发展，提出了"王道"、"仁政"学说和民贵君轻说，主张"以德服人"；在道德修养方面，他主张"舍生而取义"，（《孟子·告子上》）讲究"修身"和培养"浩然之气"等。

荀子（约公元前298—公元前238年）是战国末期的大思想家。他主张"隆礼"、"重法",提倡礼法并重。他说:"礼者,贵贱有等,长幼有差,贫富轻重皆有称者也。"(《荀子·富国》)荀子指出:"礼之于正国家也,如权衡之于轻重也,如绳墨之于曲直也。故人无礼不生,事无礼不成,国家无礼不宁。"(《荀子·大略》)荀子还提出,不仅要有礼治,还要有法治。只有尊崇礼,法制完备,国家才能安宁。荀子重视客观环境对人性的影响,倡导学而至善。

(5)礼仪的强化时期(公元前221—1796年)

公元前221年,秦王嬴政最终吞并六国,统一中国,建立起中国历史上第一个中央集权的封建王朝。秦始皇在全国推行"书同文"、"车同轨"、"行同伦"。秦朝制定的集权制度,成为后来延续两千余年的封建体制的基础。

西汉初期,叔孙通协助汉高祖刘邦制定了朝礼之仪,突出发展了礼的仪式和礼节。西汉思想家董仲舒(公元前179—公元前104年)把封建专制制度的理论系统化,提出"唯天子受命于天,天下受命于天子"的"天人感应"说。(《汉书·董仲舒传》)他把儒家礼仪具体概括为"三纲五常"。"三纲"即"君为臣纲,父为子纲,夫为妻纲"。"五常"即仁、义、礼、智、信。汉武帝刘彻采纳董仲舒"罢黜百家,独尊儒术"的建议,使儒家礼教成为定制。

汉代时,孔门后学编撰的《礼记》问世。《礼记》共计49篇,包罗宏富。盛唐时期,《礼记》由"记"上升为"经",成为"礼经"三书之一(另外两本为《周礼》和《仪礼》)。

宋代时,出现了以儒家思想为基础,兼容道学、佛学思想的理学,程颐兄弟和朱熹为其主要代表。二程认为:"父子君臣,天下之定理,无所逃于天地之间。"(《二程遗书》卷五)"礼即是理也。"(《二程遗书》卷

懂礼说礼

二十五）朱熹进一步指出："仁莫大于父子，义莫大于君臣，是谓三纲之要、五常之本。人伦天理之至，无所逃于天地间。"（《朱子文集·未垂拱奏礼·二》）朱熹的论述使二程"天理"说更加严密、精致。

明代时，交友之礼更加完善，而忠、孝、节、义等礼仪日趋繁多。

（6）礼仪的衰落时期（1796—1911 年）

满族入关后，逐渐接受了汉族的礼制，并且使其复杂化，导致一些礼仪显得虚浮、烦琐。例如清代的品官相见礼，当品级低者向品级高者行拜礼时，动辄一跪三叩，重则三跪九叩。（《大清会典》）。清代后期，清王朝政权腐败，民不聊生，古代礼仪盛极而衰。而伴随着西学东渐，一些西方礼仪传入中国，北洋新军时期的陆军便采用西方军队的举手礼代替不合时宜的打千礼等。

（7）现代礼仪时期（1911—1949 年）

1911 年年末，清王朝土崩瓦解，当时远在美国的孙中山先生（1866—1925 年）火速赶回祖国，于 1912 年 1 月 1 日在南京就任中华民国临时大总统。孙中山先生和战友们破旧立新，用民权代替君权，用自由、平等取代宗法等级制；普及教育，废除祭孔读经；改易陋俗，剪辫子、禁缠足等，从而正式拉开现代礼仪的帷幕。

20 世纪三四十年代，中国共产党领导的苏区、解放区，重视文化教育事业及移风易俗，进而谱写了现代礼仪的新篇章。

（8）当代礼仪时期（1949 年至今）

1949 年 10 月 1 日，中华人民共和国成立，中国的礼仪建设从此进入一个崭新的历史时期。新中国成立以来，礼仪的发展大致可以分为三个阶段：

①礼仪革新阶段（1949—1966 年）。

1949—1966 年是中国当代礼仪发展史上的革新阶段。在此期间，人们摒弃了昔日束缚自己的"神权天命"、"愚忠愚孝"以及严重束缚妇女的"三从四德"等封建礼教，确立了同志式的合作互助关系和男女平等的新型社会关系，尊老爱幼、讲究信义、以诚待人、先人后己、礼尚往来等中国传统礼仪中的精华则得到继承和发扬。

②礼仪退化阶段（1966—1976 年）。

1966—1976 年，中国进行了"文化大革命"。十年动乱使国家遭受了难以弥补的严重损失，也给礼仪建设带来一场"浩劫"。许多优良的传统礼仪被当做"封资修"货色扫进垃圾堆，礼仪受到摧残，社会风气逆转。

③礼仪复兴阶段（1977 年至今）。

党的十一届三中全会以来，改革开放深得民心，中国的礼仪建设进入新的全面复兴时期。在改革开放的热潮中，全国各行各业广泛推行文明礼貌用语，积极树立行业新风，确立岗位规范和行业礼仪规范。人们积极开展"五讲四美"活动，讲文明、重礼貌蔚然成风。学校开设了"社交礼仪"、"公共关系"等涉及礼仪的课程，《中国应用礼仪大全》、《外国习俗与礼仪》等图书不断问世。在华夏大地上再度兴起礼仪文化新的热潮，掀起了具有中华民族优良文化传统的精神文明建设的新高潮。

2. 西方礼仪文化的发展

早在 14—16 世纪，欧洲进入文艺复兴时代。该时期涉及礼仪的名著有：意大利作家加斯梯良编著的《朝臣》，论述了从政的成功之道和礼仪规范的重要性；尼德兰人文主义者伊拉斯谟（1466—1536 年）撰写的《礼貌》，着重论述了个人礼仪和进餐礼仪等，提醒人们讲究道德、清洁卫生和外表美。英国哲学家弗兰西斯·培根（1561—1626 年）指出："一个人若有好的仪容，那对他的名声大有裨益，并且，正如女王伊莎伯拉所

说，那就'好像一封永久的推荐书一样'。"（《培根论说文集·论礼节与仪容》）

17—18 世纪是欧洲资产阶级革命浪潮兴起的时代，尼德兰革命、英国革命和法国大革命相继爆发。随着资本主义制度在欧洲的确立和发展，资本主义社会的礼仪逐渐取代了封建社会的礼仪。资本主义社会奉行"一切人生而自由、平等"的原则，但由于社会各阶层经济上、政治上、法律上的不平等，因此未能做到真正的自由、平等。不过，这一时期也编纂了大量礼仪著作。例如，捷克资产阶级教育家夸美纽斯（1592—1670年）编纂了《青年行为手册》等；英国资产阶级教育思想家约翰·洛克于 1693 年写了《教育漫话》，系统地、深入地论述了礼仪的地位、作用以及礼仪教育的意义和方法。此外，德国学者缅南杰斯的礼仪专著《论接待权贵和女士的礼仪，兼论女士如何对男士保持雍容态度》于 1716 年在汉堡问世。英国政治家切斯特菲尔德勋爵（1694—1773 年）在其名著《教子书》中指出："世间最低微、最贫穷的人都期待从一个绅士身上看到良好的教养，他们有此权利，因为他们在本性上是和你相等的，并不因为教育和财富的缘故而比你低劣。同他们说话时，要非常谦虚、温和；否则，他们会以为你骄傲而憎恨你。"

西方现代学者编纂、出版了不少礼仪书籍，其中比较著名的有：法国学者让·赛尔著的《西方礼节与习俗》、英国学者埃尔西·伯奇·唐纳德编的《现代西方礼仪》、德国作家卡尔·斯莫卡尔著的《请注意您的风度》、美国礼仪专家伊丽莎白·波斯特编的《西方礼仪集萃》，以及美国教育家卡耐基编纂的《成功之路丛书》等。

在西方，礼仪一词最早见于法语的 Etiquette，原意为"法庭上的通行证"。但它变成英文后，就有了礼仪的含义，即"人际交往的通行证"。

西方的文明史在很大程度上表现了人类对礼仪的追求及礼仪演进的历史。人类为了维持与发展血缘亲情以外的各种人际关系，避免"格斗"或"战争"，逐步形成了各种与"格斗"、"战争"有关的动态礼仪。如为了表示自己手里没有武器，让对方感觉到自己没有恶意，人们创造了举手礼，后来演变为握手。为了表示自己的友好与尊重，人们愿意在对方面前"丢盔卸甲"，于是创造了脱帽礼等。

在古希腊的文献典籍中，如苏格拉底、柏拉图、亚里士多德等先哲的著述中，都有很多关于礼仪的论述。中世纪更是礼仪发展的鼎盛时代。文艺复兴时期以后，欧美的礼仪有了新的发展，从上层社会对遵循礼节的繁琐要求到20世纪中期对优美举止的赞赏，再到适应社会平等关系的比较简单的礼仪规则。历史发展到今天，传统的礼仪文化不但没有随着市场经济的发展和科技现代化而被抛弃，反而更加多姿多彩。国家有国家的礼制，民族有民族独特的礼仪习俗，各行各业都有自己的礼仪规范程式，国际上也有各国共同遵守的礼仪惯例等。有的国家和民族对不遵守礼仪规范的人还规定了一定的处罚方法，还有的已把礼仪作为公民就业前的"入门课"，被企业录用的大学毕业生，必须先经过严格的礼仪训练，才能上岗工作。

从上述关于礼仪的含义及源流的叙述中，我们可以清楚地看到：第一，礼仪在中国作为社会秩序的一部分而受到中华民族历代先贤的广泛重视和提倡。第二，礼仪是为维系和发展人际关系而产生的，并随着人际关系和其他社会关系的发展变化而发展变化。它不仅是社会交往的产物，也是国际文化交流的产物。第三，礼仪是施礼者与受礼者的情感互动过程。正如《礼记·曲礼上》所云："礼尚往来，往而不来非礼也；来而不往，亦非礼也。"第四，礼仪是一种程序，有一定的规则，不是毫无联系的某

些行为的堆积组合。第五，礼仪规范、程序是一定社会的人们约定俗成、共同认可的。第六，遵行礼仪是现代人文明的重要组成部分，是人际交往的重要手段和途径。

3. 中国——礼仪之邦

中国有五千年文明史，素有"礼仪之邦"之称，中国人也以彬彬有礼而著称于世。礼仪文明作为中国传统文化的重要组成部分，对中国社会历史的发展具有广泛深远的影响，其内容十分丰富。礼仪所涉及的范围十分广泛，几乎渗透到古代社会的各个方面。

中国古代的"礼"和"仪"实际是两个不同的概念。"礼"是制度、规则和一种社会意识观念；"仪"是"礼"的具体表现形式，它是依据"礼"的规定和内容形成的一套系统而完整的程序。

在中国古代，礼仪是为了适应当时的社会需要，从宗族制度、贵贱等级关系中衍生出来的，因而带有产生它的那个时代的特点及局限性。时至今日，现代的礼仪与古代的礼仪已有很大差别，我们必须舍弃那些为剥削阶级服务的礼仪规范，着重选取对今天仍有积极、普遍意义的传统文明礼仪，如尊老敬贤、仪尚适宜、礼貌待人、容仪有整等，加以改造与承传。这对于培养良好的个人素质、发展和谐的人际关系、塑造文明的社会风气、进行社会主义精神文明建设，具有重要意义。

中国传统的礼仪有：

第一，尊老敬贤。

我国自原始社会到封建社会，人际的政治伦理关系均以氏族、家庭的血缘关系为纽带，故而在家庭中遵从祖上，在社会上尊敬长辈。由于中国古代社会推崇礼治和仁政，敬贤已成为一种历史的要求。

孟子说："养老尊贤，俊杰在位，则有庆。"（《孟子·告子下》）"庆"

就是赏赐。古代这种传统礼仪，对于形成温情脉脉的人际关系以及有序和谐的伦理关系，不管在过去还是在现代，都有重要作用。

说到尊老，这是中国传统文化的一大特色。古代的敬老并不只是停留在思想观念和说教上，也并不止于普通百姓的生活中，从君主、士族到整个官绅阶层，都在身体力行，并且形成了一套敬老的规矩和养老的礼制。

《礼记》记载："古之道，五十不为甸徒，颁禽隆诸长者。"（《礼记·祭义》）就是说，50 岁以上的老人不必亲自打猎，但在分配猎物时要得到优厚的一份。一些古籍对于同长者说话时的音量也作了明确的要求，如《养蒙便读》说："侍于亲长，声容易肃，勿因琐事，大声呼叱。"（《养蒙便读·言语》）《弟子规》又说："低不闻，却非宜。"

总之，上至君王贵族，下达庶人百姓，都要遵循一定的规矩，用各种方式表达对老者、长者的孝敬之意，这是衡量一个人是否有修养的重要标志。

任何形态的社会都要尊敬老人。老人阅历深，见闻广，经验多，劳动时间长，对社会贡献大，理应受到尊敬；同时，他们在体力和精神上较差，需要青年人的体贴、照顾和帮助。作为一个有礼貌的现代青年，对长者和老人，应该做到路遇主动谦让，乘车主动让座，在商店、戏院等公共场所应尽量为老人创造方便条件。

关于敬贤，有个典故叫"三顾茅庐"。说的是刘备仰慕诸葛亮的才能，要请他帮助自己打天下，于是不厌其烦地亲自到诸葛亮居住的草房请他出山。一而再，再而三，诸葛亮才答应。从此，诸葛亮的雄才大略得以充分发挥，为刘备的事业"鞠躬尽瘁，死而后已"。

纵观中国古代历史，有所作为的君主大多非常重视尊贤用贤，视之为国家安危的决定因素。平时不敬贤，到了紧急关头，贤才就不会为国分

懂礼说礼

忧。不是贤才不为国家着想，而是国家缓贤忘士，如此"而能经其国存者，未曾有也"（《墨子·亲士》）。

今天我们提倡发扬古代"敬贤之礼"，须赋予现代新人才观的内容，就是要尊重知识、尊重人才。

当今社会，竞争越来越激烈。种种竞争归根到底是人才的竞争。大至国家民族，小到公司企业，要在激烈的竞争中保持优势地位，都必须拥有强大的人才队伍。只有从思想观念到具体行动都尊重、爱护人才，使全社会形成一个尊重知识、尊重人才的良好环境，形成足够强大的人才队伍，才能立于不败之地。

第二，仪尚适宜。

中华民族素来注重通过适当的形式，表达人们内心丰富的情感。遇到重大节日或发生重要事件时，多有约定俗成的仪矩。如获得丰收，要欢歌庆贺；遭受灾祸，要祈求神灵保佑。久而久之，就形成了许多节庆及礼仪形式，如春节、元宵节、中秋节、重阳节等等，几乎每个节日都有特定的礼俗。

在古代，婚、丧和节庆等活动是作为社会生活中的大事来对待的，其礼仪规定得格外详尽而周密，从服饰、器皿到规格、程序和举止的方位，都有具体的规定。

今天，我们要保持和发扬中华民族优秀的礼仪文明，最重要的一点就是贵在适宜。如二程主张："奢自文生，文过则为奢，不足则为俭。"（《二程集·程氏外书》卷六）可见，仪式的规模在于得当，适当的文饰是必要的，但文饰过当就会造成奢侈浪费，偏离礼规的要求；而过于吝啬，妨碍到仪式的实行也是不得体的。古人的这种见解非常精辟，对我们今天举行各种仪式具有指导作用。

在当今的社会活动中，举行各种仪式仍然是不可缺少的。公司开张、儿女婚嫁、各种节庆活动，都有不同的仪式。我们要把握好各种仪式的规模，就必须遵循适度的原则，使必要的仪矩同现代文明相结合，使相关的活动既隆重又不至于华而不实。我们尤其要反对那种借婚丧庆典之机，大操大办、铺张浪费的现象；反对那种认为仪式越隆重越好、越豪华越合乎礼规的做法。如当今不少新婚夫妻为使婚礼够排场，摆阔气，互相攀比，搞得债台高筑，造成巨大浪费；有些领导干部不顾影响，为子女以权谋私，收受大宗贺礼，助长了奢靡之风。这既不符合我们的优良传统，也不符合我们的国情、民情。

第三，礼貌待人。

任何一个文明社会、任何一个文明民族，人们都是十分注重文明礼貌的。因为礼貌是人类社会据以促进人际交往的道德规范之一，是构建与他人和睦相处关系的桥梁。它标志着一个社会的文明程序，反映一个民族的精神面貌。中华民族历来就非常重视遵循礼规，礼貌待人，有许多耐人寻味的经验之谈，无论过去还是现在，都给人以启迪。具体说来，主要有以下两点：

★与人为善

与人相处，为善当先。而这个"善"应是出自内心的诚意，是诚于中而形于外，而不是巧言令色和徒具形式的繁文缛节。《礼记》说："夫礼者，自卑而尊人。"（《礼记·曲礼上》）。如果表面上恭敬热情而内心虚伪，或是仅仅内心尊敬而毫无表情，都是不够的。应该表里一致，才能从根本上消除人与人之间的隔阂、摩擦，进而互敬互爱，友好相处。

尊重他人，就要平等待人，不分贵贱等级，一视同仁。如果只对上层人士献其礼敬，以财势取人，以利益交人，其实是小人所为。《论语·子

罕》载：孔子看见穿丧服的人，戴礼帽、穿礼服的人和盲人时，即使这些人年轻，孔子也必定站起来；行过别人面前时，一定快步走过，以示敬意。

古代敬人的方法有值得借鉴的地方。首先要尊重他人的意愿，体谅别人的需要和禁忌，不能强人所难。不苛求别人做不能做的事，不强求别人接受不喜欢的东西。古人说："不责人所不及，不强人所不能，不苦人所不好。"（《文中子·魏相》）。"己所不欲，勿施于人。"（《论语·颜渊》）说的就是这个意思。在与人交往中，幽默与善意的玩笑往往给人带来轻松愉快，但决不可戏弄取乐。如果以别人的姓名为笑料，或给人起不雅的绰号，都是十分不敬的。南北朝时颜之推就曾对此种不敬气愤而言："今世愚人，遂以相戏。或相指名为豚犊者，有识旁观，犹欲掩耳，况当之者乎。"

16

★礼尚往来

礼尚往来是礼貌待人的一条重要准则。就是说，接受别人的好意，必须报以同样的礼敬。这样，人际交往才能平等友好地在一种良性循环中持续下去。因此，《礼记》说："礼尚往来，往而不来，非礼也；来而不往，亦非礼也。"（《礼记·曲礼上》）

对于受恩者来说，应该滴水之恩，涌泉相报。在古人眼中，没有比忘恩负义更伤仁德的了。孔子说过"以德报德，则民有所劝"；"以怨报德，则刑戮之民也"。（《礼记·表记》）可见，以德报德，有恩必报，是待人接物的基本道德修养。当然，往来之礼也应该适度。送礼的本意在于表达敬意和答射之意，所谓礼轻情意重，并非越多越好。正如《庄子·山木》篇中所说："君子之交淡若水，小人之交甘若醴；君子淡以亲，小人甘以绝。彼无故以合者，则无故以离。"

第四，仪表整齐。

一个人的仪表、仪态是其修养、文明程度的表现。古人认为，举止庄重，进退有礼，执事谨敬，文质彬彬，不仅能够保持个人的尊严，还有助于进德修业。古代思想家曾经拿禽兽的皮毛与人的仪表、仪态相比较。禽兽没有了皮毛，就不能为禽兽；人失去仪礼，也就不能为人了。

以上几方面是我国传统礼仪的精华。虽说时代不同了，但古人对仪容、仪表的重视，是值得今人借鉴的。外在形象是一种无声的语言，它反映一个人的道德修养，也向人们传递着一个人对生活的内心态度。一个有优雅仪表的人，无论他走到哪里，都给那里带来文明的春风，得到人们的尊敬。

唐代孔颖达说："中国礼义（仪）之大，故称夏；有服章之美，谓之华。华、夏一也。"长期以来，由于大量礼仪文化的精华和糟粕处于渗融并存的状态，又由于礼仪文化的糟粕所产生的不可低估的消极作用，我们忽视了传统礼仪文明这一宝贵的精神财富。在相当长一段时间内，社会、学校对礼仪养成教育，特别是对干部的礼仪培训不够重视，许多不文明的行为亦有增无减。在今天社会主义精神文明建设中，我们应立足于吸收民族文化中的精华，使传统文明礼仪古为今用，重建一套现代文明礼仪。

三、礼貌、礼节与礼仪

礼貌是礼仪的基础，礼节则是礼仪的基本组成部分。礼貌一般是指在人际交往中通过言语、动作向交往对象所表示的谦虚和恭敬，它侧重于表现人的品质与素养。《林肯传》中写了这样一件事：一天，林肯总统与一位南方的绅士乘坐马车外出，途中遇到一老年黑人深深地向他鞠躬。林肯点头微笑并摘帽还礼。同行的绅士问道："为什么你要向黑鬼摘帽？"林肯

回答说:"因为我不愿意在礼貌上不如任何人。"可见,林肯深受美国人民的热爱是有其原因的。1982 年,美国举行民意测验,要求人们在美国历届总统中挑选一位"最佳总统",名列前茅的就是林肯。

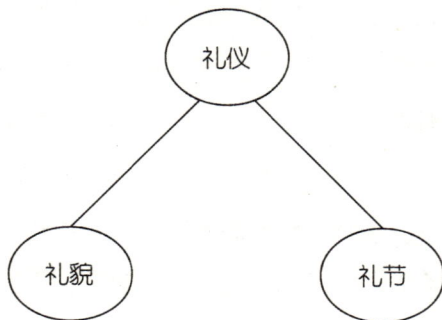

```
                    ┌─────┐
                    │ 礼仪 │
                    └─────┘
                   ╱        ╲
                  ╱          ╲
            ┌─────┐        ┌─────┐
            │ 礼貌 │        │ 礼节 │
            └─────┘        └─────┘
```

礼节通常是指人们在交际场合相互表示尊重、友好的惯用形式。礼节是社会外在文明的组成部分,具有严格的礼仪性质。它反映一定的道德原则的内容,反映一个人对人对己的尊重,是人们心灵美的外化。在阶级社会,由于不同阶级的人在利益上是根本冲突的,礼节多流于形式。在现代社会,由于人与人之间地位平等,礼节从形式到内容都体现了人与人之间相互平等、相互尊重和相互关心。现代礼节主要包括:介绍的礼节、握手的礼节、打招呼的礼节、鞠躬的礼节、拥抱的礼节、亲吻的礼节、举手的礼节、脱帽的礼节、致意的礼节、作揖的礼节、使用名片的礼节、使用电话的礼节、约会的礼节、聚会的礼节、舞会的礼节、宴会的礼节等等。

当今世界是个多元化的世界。不同国家、不同民族、不同地区的人们在各自的生存环境中形成了各自不同的价值观、世界观和风俗习惯,其礼节从形式到内容都不尽相同。它实际上是礼貌的具体表现方式。

礼貌主要包括口头语言的礼貌、书面语言的礼貌、态度和行为举止的礼貌。礼貌是人的道德品质修养最简单、最直接的体现,也是人类文明行为的最基本要求。在现代社会，使用礼貌用语，对他人态度和蔼，举止适度，彬彬有礼，尊重他人，已成为日常的行为规范。

礼节与礼貌之间的相互关系是：没有礼节，就无所谓礼貌；有了礼貌，就必然需要具体的礼节。拿破仑·希尔说："世界上最廉价的、能够得到最大收益的一项品质就是礼节。"

礼仪可以说是一个人的内在修养和素质的外在表现。也就是说，礼仪即教养、素质在一个人行为举止中的具体体现。从本质上讲，三者所表现的都是对人的尊敬、友善，是干部自身修养水平的重要体现。

四、礼仪的特性

现代礼仪是人类在漫长的社会实践中逐步形成、演变和发展起来的，是在一定的社会历史条件下形成和发展起来的，它具有时代性、规范性、文明性、相容性、多样性和继承性等特性。

1. 时代性

礼仪并不存在僵死不变的永恒模式。随着时代和环境的变化，礼仪的表现形式也会发生巨大的变化。可以说，每一种礼仪都有其产生、形成、演变、发展的过程，不同时代、不同国家、不同民族习俗，其各自的礼仪规范形式是不同的。同时，礼仪也具有灵活、多样性的特点。通常情况下，礼仪分为正式场合礼仪和非正式场合礼仪。在非正式场合，有些礼仪可不必拘泥于约定的规范；在正式场合，则是必须讲究礼仪规范的。

2. 规范性

礼仪可以从道德的规范性上来认识，"道德仁义，非礼不成"。礼仪是人们在社会交往活动中待人接物，以及在为人处世时必须遵守的行为规范。从民俗的角度来看，礼仪既可以说是在人际交往中必须遵循的律己敬

人的习惯形式，也可以说是在人际交往中约定俗成的示人以尊重、友好的习惯做法。此即所谓"礼出于俗，俗化为礼"。

干部的礼仪规范并非是个人生活的礼节，而是一个部门、单位的对外形象，是一个国家社会文明的具体反映，是一个民族精神文明和进步的标志。礼仪的规范性不仅约束着人们在一切交际场合的言谈话语、行为举止，使之合乎礼仪，而且也是衡量他人、判断自己是否自尊、敬人的一种尺度。

3. 文明性

礼仪是人类文明的结晶，是现代文明的重要组成部分。人类从降世那天起，就开始了对文明的追求，传说中的亚当、夏娃用树叶遮身便是文明之举。人类从茹毛饮血发展到共享狩猎成果，从盲目迷信、敬畏鬼神发展到崇尚科学、论证无神，从战争走向和平，尤其是文字发明以后，人类开始运用语言文字来表达文明、宣传文明、建设文明。文明的宗旨是尊重，既是对他人的尊重，也是对自己的尊重，这种尊重总是同人们的生活方式有机地、自然地、和谐地和毫不勉强地融合在一起的，成为人们日常生活、工作中的行为规范。这种行为规范包含个人的文明素养，比如待人接物热情周到、彬彬有礼；人们彼此间互帮互助、彼此尊重、和睦相处，体现出人们日常生活中的文明、友好；注重个人卫生，穿着适时得体，见人总是微笑着问候致意，礼貌交谈，文明用语，这也体现出人们的品行修养。总之，礼仪是人们内心文明与外在文明的综合体现。

4. 相容性

世界各国的社交礼仪都是人们在社会交往过程中形成并得到各国民众公认和自觉遵守的行为规范。现代社会是千姿百态的大世界，国度不同、民俗各异，但是，许多礼仪都是世界通用的。例如，彼此见面的问候语、打招呼、礼仪活动、各种庆典仪式、国际交往中的签字仪式等等，大体上是世界通用、相互借鉴的。虽然各国家、各地区、各民族形成了许多特有的风俗习惯，但就礼仪本身的内涵和作用来看，仍具有共性。正是由于礼仪有相容性，才形成了国际交往礼仪。

5. 多样性

世界是丰富多彩的，礼仪也是五花八门、绚烂多姿的。世界各地的民俗礼仪千奇百怪，没有人能说清楚世界上到底有多少种礼仪形式。从语言的表达礼仪到文字的使用礼仪，从举止礼仪到规范化礼仪，从服饰礼仪到仪表礼仪，从风俗礼仪到宗教礼仪等，在不同的国家、不同的场合，礼仪的表达方式也有所不同。比如，在人们常见的国际交往礼仪中，仅见面礼节就有握手礼、点头礼、亲吻礼、鞠躬礼、合十礼、拱手礼、脱帽礼、问候礼等等。礼仪可谓多种多样，纷繁复杂。有些礼仪所表达的方式和内容，在甲国家或地区与在乙国家或地区可能是截然相反的。

6. 继承性

任何国家的礼仪都具有自己鲜明的民族特色，世界各国的现代礼仪都是在本国古代礼仪的基础上不断继承和发展起来的。离开了对本国、本民族既往礼仪成果的传承、扬弃，就不可能形成当代礼仪。作为一种人类文明的积累，礼仪将人们在相互交往中的习惯做法稳定化了，并逐渐形成了各民族自己的特色，这种社会现象绝不会因为社会制度的更替而消失，而是会更加文明地发展起来。

五、礼仪的作用和原则

1. 礼仪的作用

概括地说，礼仪的作用是表示人们不同地位的相互关系和调整、处理

人们相互关系的手段。礼仪的作用表现在以下几个方面：

（1）尊重的作用

尊重的作用即向对方表示尊敬、表示敬意，同时对方也还之以礼。礼尚往来，有礼仪的交往行为蕴含着彼此的尊敬。

（2）约束的作用

礼仪作为行为规范，对人们的社会行为具有很强的约束作用。礼仪一经制定和推行，便成为社会的习俗和社会行为规范。任何一个生活在某种礼仪习俗和规范环境中的人，都自觉或不自觉地受到该礼仪的约束。自觉接受礼仪约束的人是"成熟的人"的标志；不接受礼仪约束的人，社会就会以道德和舆论的手段来对他加以约束，甚至以法律的手段来强迫其遵守礼仪。

（3）引导的作用

礼仪具有教化作用，主要表现在两个方面：一方面，是礼仪的尊重和约束作用。礼仪作为一种道德习俗，对全社会的每个人都有教化作用，都在施行教化；另一方面，礼仪的形成、礼仪的完备和凝固，会成为一定社会传统文化的重要组成部分，它以"传统"的力量不断地由老一辈传递给新一代，世代相继、世代相传。在社会进步中，礼仪的教化作用具有极为重大的意义。

（4）调节的作用

礼仪具有调节人际关系的作用。一方面，礼仪作为一种规范、程序，作为一种文化传统，对人们之间的相互关系模式起着规范、约束和及时调整的作用；另一方面，某些礼仪形式、礼仪活动可以化解矛盾、建立新的关系模式。可见，礼仪在处理人际关系中、在发展健康良好的人际关系中，都发挥着重要作用。

22

2. 礼仪的原则

（1）相互尊重的原则

人们在社会交往中，要敬人之心常存，处处不可失敬于人，不可伤害他人的尊严，更不能侮辱对方的人格。敬人就是尊敬他人，包括尊敬自己，维护个人乃至组织的形象。不可损人利己，这也是人的品格问题。

（2）宽容的原则

人们在交际活动中运用礼仪时，既要严于律己，更要宽以待人。宽容就是要豁达大度，有气量，不计较和不追究，具体表现为一种胸襟、一种容纳意识和自控能力。

（3）自律的原则

这是礼仪的基础和出发点。学习、应用礼仪，最重要的就是要自我要求、自我约束、自我对照、自我反省、自我检查。自律就是自我约束，按照礼仪规范严格要求自己，知道自己该做什么，不该做什么。

（4）诚信的原则

有礼仪修养的人，务必诚信无欺，言行一致，表里如一。真诚就是在交际过程中做到诚实守信，不虚伪、不做作。交际活动作为人与人之间信息传递、情感交流、思想沟通的过程，如果缺乏真诚则不可能达到目的，更无法达到交际的效果。

（5）从俗的原则

在社会交往过程中，由于国情、民族、文化背景不同，必须坚持入乡随俗，与绝大多数人的习惯做法保持一致，切勿目中无人、自以为是。

从俗就是指交往各方都应尊重相互之间的风俗、习惯，了解并尊重各自的禁忌。如果不注意禁忌，就会在交际中引起障碍和麻烦。

懂礼说礼

（6）平等的原则

人人平等和睦是礼仪的核心，尊重交往对象，以礼相待，对任何交往对象都必须一视同仁，给予同等程度的礼遇。

礼仪是在平等的基础上形成的，是一种平等的彼此之间相互对待关系的体现，其核心是尊重以及满足相互之间获得尊重的需求。在交际活动中既要遵守平等的原则，也要善于理解具体条件下对方的一些行为，不应过多地挑剔对方的行为。

礼仪是礼节与仪式的总称。干部礼仪不仅是个人在社会交往中的一种形式，而且是一个人、一个集体乃至一个国家精神文明的象征。

法国总统希拉克与美国国务卿赖斯

资料来源　http：//www.hangzhou.com.cn/20050801/ca1142300.htm。

礼仪使工作和人生成为艺术。优雅礼仪的自然展示、个人魅力的提升能够直接带来好感与认同；鞠躬礼仪的全面推行可以提供更高品质的服务；规范礼仪的持续一致会树立公司长期的品牌形象。"坐有坐相，站有站相。"每一个人的举止、动作、表情，均与其教养、风度有关。在社交场合，优雅的仪态可以透露出您良好的礼仪修养。在现代社会，礼仪修养几乎成为一个人和一个社会文明程度的标志。优雅的行为举止、得体的仪态和言语、真挚的情感和规范的礼仪，成为构建人与人之间沟通的桥梁，其力量和价值都是无可比拟的。

本书内容涉及广泛，包括商务礼仪、职场礼仪、举止气质、服饰形象仪表、用餐礼仪、公共场所礼仪、语言表达艺术、涉外及旅行礼仪等生活中可能接触到的所有礼仪规范。在工作和生活中，有效地掌握和运用礼仪知识，能使我们每个人的举止更自信、得体，在公共场合中塑造良好的形象。

小贴士
▼

赠送礼品礼节

第一，原则上，没有收到客商的请柬，不要贸然登门送礼，请柬不能丢失和转让，否则是失礼。

第二，赠送给客商夫人的礼物，要明确赠送给客商夫人。

第三，遇到外商喜事，如来华投资办厂落成、结婚纪念等，要赠送喜事礼物，有的可直接尊重客商意见。

第四，赠送礼物要注意外国的风俗习惯。

懂礼说礼

领导干部的礼仪风度

　　领导干部加强审美能力修养，对提高自身的管理水平和思想修养是十分有意义的。美学的基本常识告诉我们，在美的事物中，主要的是现实美；而在现实的丰富多彩的美的事物中，又主要是社会美和自然美。而人的美主要包括内在美与外在美。通常所说的"心灵美"、"情操美"、"道德美"等，就属于内在美；而人的形体、外貌、服饰美等则属于外在美。

　　作为社会的人的形象应该是内容（内在美）和形式（外在美）的统一，并且，首先应当注重内容（内在美）。

一、风度和风度美

风度美属于高级的社会美。下面就以风度美为例，来说明内在美与外在美的辩证统一关系。

爱美之心，人皆有之。追求美的青年朋友们总是对风度美刮目相看，认为风度美比容貌美更高贵，这无疑是正确的。在生活中，优美、引人注目的风度确实令人赞叹不已。

"气魄宏伟、风度潇洒"的周恩来同志，在中外交往中处处引人注目。在艰苦的战争年代，斯诺就称赞说："厚厚的棉军装穿在别人身上显得有点臃肿，而穿在周恩来的身上却显得匀称优雅！"

曾经几乎打败过欧洲所有重要王朝的拿破仑，对于王公贵戚不屑一顾，可是面对不卑不亢、举止优美的歌德，不能不赞叹地说："你是一个真正的人！"

1. 什么叫风度美

风度，是指一个人的风貌、仪表和态度。

所谓"有风度"，不仅是指人的外在风貌优美、仪表堂堂，也是一个人的精神、气质、品格的外在表现。

如果说衣着是一个人的审美力的反映的话，那么风度则是一个人的性格和气质的反映。有的人性格开朗，气质聪慧，风度则往往潇洒大方；有的人性格豪爽，气质粗犷，风度则往往豪放不羁；有的人性格沉静，气质高洁，风度则温文尔雅；有的人性格温柔，气质恬静，风度则秀丽端庄。

美好的风度，确实具有美的魅力。

如果举止轻浮，言谈粗鄙，待人接物玩世不恭，甚至粗暴狂躁，那就不是文明礼貌的表现，就有失身份。

美好的风度,就是人的思想情操、性格气质的自然外露,是人的仪表、神态、言谈举止美的综合表现,是内在美的外化。

美好的风度,不是装腔作势的结果,而是心灵美的外在表现,是在生活实践中自然形成的好的性格、气质的自然流露。

弗兰西斯·培根说:"相貌美高于色泽的美,而秀雅合适的动作美又高于相貌美,这是美的精华。"

俄国大文豪托尔斯泰说:"人不是因为美丽才可爱,而是因为可爱才美丽的。"

雨果的名著《巴黎圣母院》形象地为我们提供了不同的典型:

神父富洛罗,道貌岸然、神态庄重、一本正经、一派正人君子相,可是,他心狠手辣,行为淫秽,显然不具有风度美。敲钟人加西摩多,面目丑陋、正直善良、心灵高尚,理所当然地获得了人们的同情。可是,如果从风度美的角度看,加西摩多则有明显的缺憾。这并不是因为他长得丑,而是因为他缺少必备的审美知识和修养。美丽的吉卜赛少女埃丝美拉达被他的赤诚所感动,觉悟地望着他。当她为他翩翩起舞时,他激动了,踏到巨钟上猛烈地撞击起来,发出轰然巨响。而这时的埃丝美拉达被震耳欲聋的钟声吓得瑟瑟发抖,捂着耳朵逃走了,非常遗憾地结束了这诗一般的动人场面。他用钟的巨响表达自己的感情,这在当时的情景下虽是真诚的,却是不美的。在日常生活中,不乏这种缺少审美修养的人。有的人刻苦好学,却不修边幅;有的人心眼不坏,却脏话连篇;有的人思想品行尚好,却以新为美,以怪为美。这不能不说他们在审美修养上有着不小的缺憾。风度美是长在内在美基础上的花朵,只有思想情操、气质性格很美和知识丰富的人,才能有风度美。在《巴黎圣母院》中,只有漂亮的卖艺少女埃丝美拉达,外貌美丽、心地善良、风度翩翩,吸引了人们全部的爱和同情。所以，注意自己风度美的青年朋友、大学生们，一定要在心灵美和审美修养上下工夫，做到内在美和外在美的统一。

那么，领导干部的风度美应是什么样的呢？

一位有气质的领导干部，其风度应该是一种端庄、高雅、活泼之美。它要与年轻高尚的品行、丰富的知识和领导者的活力相适应。我们可以用以下四个词来概括我们的领导干部，特别是年轻干部应有的风度：美观的仪表、振奋的神态、优美的语言、高雅的举止。

（1）美观的仪表（自然美）

仪表是首先映入人们眼帘的风度。注重仪表美是热爱生活、积极向上的表现。对一个人来说，什么样的仪表最美？整洁、朴素、大方的仪表最美。服饰美学告诉我们：要珍视朝气蓬勃的自然美。青年的自然美胜过服饰美。青年人正值青春年华，朝气蓬勃的面容是最难得的青春之美。俄国诗人马雅可夫斯基赞美说："世界上没有任何一件衣衫，能比健康的皮肤和发达的肌肉更美丽。"世界著名画家达·芬奇说："你们不见美貌的青年穿戴过分反而折损了他们的美吗？你不见山村妇女，穿着朴素无华的衣服反而比盛装的妇女美得多吗？"托尔斯泰在《安娜·卡列尼娜》一书中描写了这样一个故事：年轻的姑娘吉堤为了和安娜争美，参加舞会前打扮了一整天，穿上最华贵的衣服，连裙子的每个皱褶都考虑过了，以为稳操胜券。可是到舞会上一看，安娜只穿了一件黑色的天鹅绒长袍，未做任何修饰。然而，在那些珠光宝气、五光十色的贵妇人间翩跹起舞，安娜显得玉洁冰清，光彩照人，使举座倾倒。这时的吉堤感到自己身上的衣服显得异常俗气。从这个小故事中可以看出，过多的修饰只会损害青春之美，而淡雅、朴素、大方的服饰却给人以很美的感觉。

服饰美学告诉我们：服饰以恰当得体为美。鲁迅有一次在谈到人的衣

着时说:"人瘦不要穿黑衣裳,人胖不要穿白衣裳;脚长的女人一定要穿黑鞋子,脚短的就一定要穿白鞋子;方格子的衣裳胖人不能穿,但比横格子的还好。"因为这样可以利用人的视力对不同颜色和条纹的错觉来增强自身的美感。

服饰美学还表明:衣着服饰一定要适合自己的身份。领导干部的衣着服饰美是一种朴素、大方、高雅之美,最忌讳浓妆艳抹、花枝招展和怪异。各级领导干部都应该具有一定的知识水平和审美修养,如果打扮得过于妖艳和花哨,只能流于俗气,反倒让人笑其无知。伟大的戏剧家莎士比亚说:"服装往往可以表现人格。"服装是一面镜子,通过服装可以看出人的格调情趣之美。

(2)振奋的神态

法国哲学家卢梭说:"真正的美,是美在他本身能显出奕奕的神采。"神态是人的性格、气质的自然外露。优美动人的神态会令人耳目一新,唤起人们的喜爱和尊敬。对有魄力的领导干部来说,端庄、振奋、谦虚的神态则显示着特殊的美。神态和内心世界是相通的,端庄、振奋、谦虚的神态往往是自尊心、自信心强与胸怀宽阔的反映。

对于青年干部来说,有必要强调一下谦虚的神态。有的人骄傲有余,谦虚不足,这是不美的。谦虚的神态反映了心灵之美,能给人以美感。德国的大诗人歌德,一生硕果累累,但并不将此归功于自己的智慧,而是谦虚地认为:"不过是伸手去收割旁人替我播种的庄稼而已。"达尔文用二十多年的辛勤劳动创造了具有划时代意义的进化论学说,但他并不把这归功于自己的努力,而是谦虚地将其归功于三十多位科学家。鲁迅一生创作了许许多多的文学珍品,成为中华民族的骄傲,但是,他却谦虚地把自己的作品比作杂货摊上的小摆设,他说:"大约是夜间飞禽都归巢睡觉,所以单见蝙蝠能干了。"凡是真正学识渊博、见多识广的伟大人物都是谦虚的，待人的态度都是谦和的。这正所谓"学而深时意气平"。

俗话说："谦虚源于渊博，骄傲来自无知。"骄傲无论在任何时代都是个人修养上不小的缺憾。

当然，身为领导干部，谦虚绝不是唯唯诺诺、妄自菲薄。真正的谦虚就是实事求是，正确地对待别人，正确地对待自己。谦虚绝不是要求人人变成谨小慎微的伪君子。德国科学家狄慈根说："免去一切乞丐式的谦虚，因为我相信自己对科学的伟大事业还能做出小小的贡献。"谦虚更不等于谦卑，谦卑表示人格上的不平等，恭敬别人，贱视自己，是地地道道的风度丑。真正谦虚的人，是能够尊重别人也尊重自己、充满自信心的人。

（3）优美的语言

古人说："言，心声也；书，心画也。"语言是心灵之窗，语言的粗俗或文雅是一个人道德情操和知识水平的反映。

语言粗野、无聊是一种风度丑，与干部身份极不相称。对广大干部和青年人来说，首先要使自己的语言健康、文雅、深刻。

谈什么是想什么的表现，心灵纯洁的人，其语言也必然是纯洁的。

语言是人与人之间交往的桥梁。俗话说："良言一句三冬暖，恶语伤人六月寒。"高雅优美的语言可以消除误会，增进友谊，密切党和人民群众的联系；粗野无理的语言只能制造隔阂，甚至酿成大祸。语言文雅、出口成颂、寓意深刻、幽默风趣是美的心灵与渊博学识的结晶。

人是用语言思维的，语言越深刻，思维的逻辑性和准确性就越强，认识能力也越强。忽略语言的深刻性，难免流于平庸，因此，广大干部要自觉地培养自己健康、文雅、深刻的语言表达能力，提高美的修养。

（4）高雅的举止

高雅的举止不仅能在外观上给人以美感，是内在美的外化，即行为美，而且有利于团结与合作，是风度美的重要标志。培养高雅的举止，要做到以下几点：

①彬彬有礼。中华民族素称礼仪之邦，彬彬有礼的风度历来备受人们的称誉。"以礼相待"在我国是人人皆知的格言。《礼记》中"有礼则安，无礼则危"的论断，深刻地揭示了"礼"的巨大社会作用。待人彬彬有礼，所获得的将是友谊和尊敬。

②严守纪律。凡对待事业和生活严肃的人，从不破坏纪律，总是自觉地遵守纪律。然而有的人却不受约束，追求所谓"绝对自由"，他们"买官卖官"，"权力至上"，"贪污腐化"，脱离人民群众，破坏党的纪律等等。遵守纪律，遵守公共道德，尊重他人，是有知识和有教养的表现。我们要养成严守纪律、讲道德的好习惯。

总之，广大干部，特别是年轻干部，要雕琢美的心灵。心灵美是风度美的基础。席勒说："心灵开朗的人，面孔也是开朗的。"优美动人的风度是心灵美的自然外露，因此，培养风度美，关键是雕琢美好的心灵。愿每位干部都能认真雕琢自己的心灵，以潇洒、优美、动人的风度展现在广大人民群众面前，受人民的欢迎和爱戴！

2. 风度美是内在美的外化

良好的文化素养、脱俗的思想境界、渊博的学识、精深独到的思辨能力，是构成风度美的重要内在因素。宽宏的气度与气量是自古以来的君子之风，知识丰富且善于辞令，时而妙语连珠，时而幽默风趣，这些风度也可通过语言举止、服饰和作风等转换为外在的形式。如毛泽东有运筹帷幄的政治家风度；周恩来有才思敏捷、风姿潇洒的外交家风度；鲁迅有

"横眉冷对"的铮铮铁骨；宋庆龄则留下端庄自然的慈母风度等等。高尚的道德修养与高超的学识造就了他们卓然的风度。

3. 风度美的培养

培养美的风度要先对自己的气质、性格、经历、知识和文化程度，乃至身材、面容等条件有自知之明。既不能听之任之，对自己毫无要求，以"本色"、"自然"自夸；也不能期望过高，操之过急，以至于矫揉造作，生硬别扭，或东施效颦，欲美反丑。而审度自己，科学地进行自我设计，持久地实践、训练，自然能水到渠成。例如，根据自身特点，坚持训练站姿、坐姿、走姿、言谈举止的技术，在各种场合、环境下都能运用自如，心理从容自信，风度也随之而来。正如一位艺术家所言："只有你自己才能识别自己的长处和魅力。它们也许是你的低回浅笑，也许是你的开怀畅谈，也许是你的亲切和蔼。它可能是你对生活乐趣的领悟，也可能是你的沉静安详。不管你那特有的吸引力是什么，它都会因为魅力的技术因素而得到加强。"

二、仪态礼仪

仪态，又称体态，是指人的身体姿态和风度。姿态是身体所表现出来的样子，风度则是内在气质的外在表现。人的一举手、一投足、一弯腰乃至一颦一笑，并非偶然的、随意的，这些行为举止自成体系，像有声语言那样具有一定的规律，并具有传情达意的功能。人们可以通过自己的仪态向他人传递个人的学识与修养，并能够以其交流思想、表达感情。正如艺术家达·芬奇所说："从仪态了解人的内心世界、把握人的本来面目，往往具有相当的准确性和可靠性。"

仪态主要包括表情、姿态、身体语言等。"站如松、坐如钟、走如

风、卧如弓"是中国传统礼仪的要求，在当今社会已被赋予了更丰富的含义。随着对外交往的深入，我们要学会用兼容并蓄的宽容之心去读懂对方的姿态，更要学会通过完善自我的姿态去表达自己想要表达的内容。

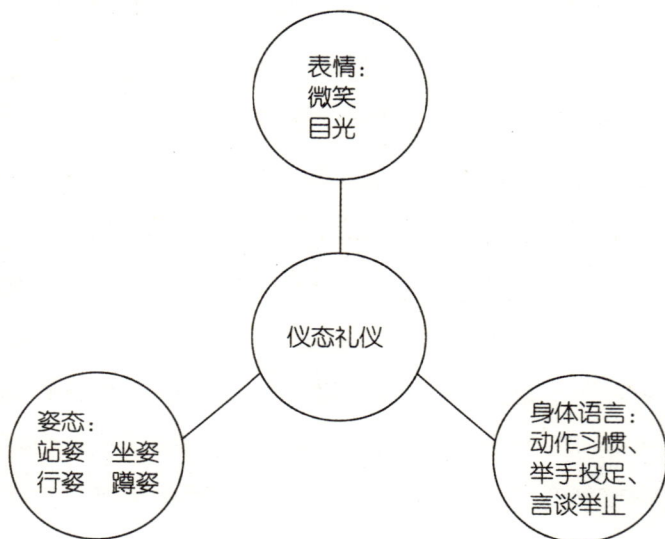

表情：
微笑
目光

仪态礼仪

姿态：
站姿　坐姿
行姿　蹲姿

身体语言：
动作习惯、
举手投足、
言谈举止

我们可以看看第二次世界大战时著名反间谍专家奥莱斯特·平托上校对一个纳粹间谍的审讯。当时盟军部队已经进入比利时，德军仓皇溃退。一天，两名士兵在驻地附近逮捕了一个叫艾米里约·布朗格尔的人。平托上校感到这个人的穿着和谈吐虽然是典型的北方农民，口音也是地道的瓦隆地区（比利时某地区）的土音，但他粗壮的颈部和魁梧的运动员体型，与当地常见的惰性十足的人截然不同，于是决定对他进行审讯。

第一次审讯：

问：你是农民吗？

答：过去是，现在不是。德国鬼子抢走了我的牲畜，杀死了我的家人。

问：会数数吗？

答：数数？

问：对，把桌上这盘豆子数一数吧。

答：1、2、3……（慢慢地用法语数）

在第一次审讯中，上校未发现任何破绽，但他不气馁，决定进行第二次审讯。这次审讯用了特殊的方式：他派人在布朗格尔的住处放了几捆草，一名士兵点着后，烟从门的下面进到了屋里，值勤的士兵用德语大喊："着火了！"布朗格尔惊醒，动了动，又睡了。接着平托上校用法语大声喊道："着火了！"布朗格尔一下子跳了起来，绝望地敲打着门。这一次，上校仍未发现破绽。

第三次审讯，上校又用了新的方案。在布朗格尔被带来时，上校拿起一支从他身上搜出的铅笔。

问：你带这个干什么？

答：不就是支铅笔吗？

问：用它来写情报？

答：……（流露出不屑回答的样子）

"可怜的家伙"上校用德语向身边的军官说，军官也用德语反问："为什么？"上校说："他还不知道明天上午就要被绞死，已经 21 点了。他肯定是个间谍，不会有别的下场。"

平托上校一边说一边用眼睛斜视着布朗格尔，特别注意他的眼睛和喉头。布朗格尔没有任何表示，他以神态证明自己不懂德语。很明显，第三次审讯也没有结果。到此为止，上校几乎绝望了，开始怀疑自己以前的判断。但直觉让他进行了最后一次审讯——第四次审讯。如果再没有突破，就决定立即释放布朗格尔了。

最后一次审讯是这样进行的：当布朗格尔像平时一样走进平托上校的办公室时，上校装作正看一份文件，看完后拿起铅笔在上面签了字，然后抬起眼睛突然用德语对布朗格尔说："好啦，我满意了，你自由了，现在就可以走了。"布朗格尔长长地出了一口气，动了动肩膀，像是卸下了一个沉重的包袱。他仰起脸，眼睛放着光，愉快地呼吸着自由的空气。当他发现平托上校嘲笑的眼光时，一切都已经晚了，身后的士兵紧紧地抓住了他。

这个例子说明人的内心隐秘不可能每时每刻都隐藏得那么深，总有流露之时，人的体态每时每刻都在传达信息。因此，在社交场合用优良的仪态礼仪表情达意，往往比语言更让人感到真实、生动。所以在社交场合必须讲究仪态美。

我们敬爱的周恩来总理堪称仪态美的典范，青年时代他在南开中学读书，南开中学教学楼的镜子上印着如下《镜铭》：

"面必净、发必理、衣必整、钮必结，头容正、胸容宽、肩容平，背容直。颜色：勿傲、勿暴、勿怠。气象：宜和、宜静、宜庄。"

周恩来自年轻时就按《镜铭》的要求去做，加强修养，努力做到仪态美，在半个多世纪的革命生涯中，形成了独特的被称为"周恩来风格的体态语"，可谓"举手投足皆潇洒，一笑一颦尽感人"，给人以不可抗拒的吸引力。一位欧洲女作家说：他的眼睛是他身上最惊人的特点，总是闪着光并迅速移动，人人都发现它是不可抗拒的。周在演讲时，步履矫健，昂首挺胸，神色自然，仪态万方，周身洋溢着自信与激情。他时而平静，时而激动，时而温和，时而愤怒。而这一切都是那样得体和恰如其分。独具魅力的体态语，帮助周恩来把自己塑造成为一位受到普遍欢迎的交谈伙伴、一位杰出的演说家、一位老练的谈判高手、一位劝说行家。

仪表的重要性如下表所示。在视觉信号中，仪表给人留下的第一印象是最重要的因素。

种 类	在整体印象中所占比重（%）
视觉信号	55
声音信号	38
语言信号	7

1. 表情

（1）微笑

微笑是一种国际礼仪，是唯——种不分国籍的通用语言。

微笑能充分体现—个人的热情、修养和魅力，是最能赋予人好感、增进友善和沟通、愉悦心情的表现方式。

微笑是一种基本的职业修养，在面对客户、宾客及同仁时，要养成微笑的好习惯。

微笑是一种魅力，亲切温馨的微笑可以缩短双方的距离，营造良好的交往氛围，是人际交往中的润滑剂。

微笑是一种语言。微笑是社交场合中最有吸引力、最有价值的面部表情。真正甜美而非职业化的微笑是发自内心的、自然大方的、真实亲切的。

微笑是一种自然的表情，微笑的意思是：我很高兴，我很喜欢你。它传递了愉悦、友好、谦恭、和蔼的信息。

微笑应是客户经理的"常规表情"。

微笑时的注意事项有：①微笑时要与对方正视；②高于对方视线的微笑会让人感到被轻视；③低于对方视线的微笑会让人感到有戒心；④首先要有胆量正视对方，其次要有胆量接受对方的目光（注意：是坦诚而不

是瞪)。

(2) 目光（眼神）

在与人谈话时，大部分时间应看着对方，否则就是不礼貌或不真诚；正确的目光是自然地注视对方眉与鼻梁之间的三角区，不能左顾右盼，也不能紧盯着对方；道别或握手时，则应该用目光注视着对方的眼睛。

俗话说："眼睛是心灵的窗户。"眼睛是人体传递信息最有效的器官，而且能表达最细微、最精妙的差异，显示出人类最明显、最准确的交际信号。正如印度诗人泰戈尔所说："在眼睛里，思想敞开或是关闭，放出光芒或是没入黑暗，静悬着如同落月，或者像忽闪的电光照亮了广阔的天空。那些自有生以来除了嘴唇的颤动之外没有语言的人，学会了眼睛的语言，这在表情上是无穷无尽的，像海一般的深沉、天空一般的清澈，黎明和黄昏、光明与阴影，都在自由嬉戏。"据研究，在人的视觉、听觉、味觉、嗅觉和触觉感受中，视觉感受最为敏感，人通过视觉感受到的信息占总信息的 83%。在汉语中用来描述眉目表情的成语就有几十个，如眉飞色舞、眉目传情、愁眉不展、暗送秋波、眉开眼笑、瞠目结舌、怒目而视……这些成语都是通过眼神来反映人们的喜、怒、哀、乐等情感的，人的七情六欲都能从眼睛这个神秘的器官中显现出来。

眼神主要由注视的时间、视线的位置和瞳孔的变化三个方面组成。

第一，注视的时间。有人调查研究发现，人们在交谈时，视线接触对方脸部的时间约占全部谈话时间的 30%～60%。超过这一平均值，可认为对谈话者本人比对谈话内容更感兴趣；低于这一平均值，则表示对谈话内容和谈话者本人都不怎么感兴趣。不难想象，如果一个人谈话时心不在焉、东张西望，或只是由于紧张、羞怯而不敢正视对方，目光注视对方的时间不到谈话时间的 1/3，必然难以被人接受和信任。当然，这方面也必须考虑文化背景，如与南欧人交谈时，注视对方可能被认为是冒犯。

第二，视线的位置。人们在社会交往中，在不同的场合，面对不同的对象，目光所及之处也是有差别的。有的人在与陌生人打交道时，往往因为不知道把目光怎样安置而窘迫不安；已被人注视而将视线移开的人，大多怀有相形见绌之感；仰视对方，一般体现"尊敬、信任"的语义；频繁而又急速地转眼，是一种反常的举动，常被用作掩饰其他情绪，或内疚，或恐惧，或撒谎，需根据实际作出判断。当然，如果死死地盯着对方或者东张西望，不仅是极不礼貌的，而且也显得漫不经心。

第三，瞳孔的变化。瞳孔的变化即视觉接触时瞳孔的放大或缩小。心理学家往往用瞳孔变化的大小来测定一个人对不同事物的兴趣、爱好、动机等。兴奋时，人的瞳孔会扩张到平常的 4 倍大；相反，生气或悲哀时，消极的情绪会使瞳孔收缩得很小，眼神必然无光。所谓"脉脉含情"、"怒目而视"等多与瞳孔的变化有关。所以说，古时候的珠宝商人已注意到这种现象，他们能窥视顾客的瞳孔变化而猜测对方是否对珠宝感兴趣，从而决定是抬高价钱还是跌价。

在社交过程中，与朋友会面或被介绍认识时，可凝视对方稍久一些，这即表示自信，也表示对对方的尊重。双方交谈时，应注视对方的眼鼻之间，表示重视对方及对其发言感兴趣。当双方缄默不语时，就不要再看着对方了，以免加剧因无话题本来就显得冷漠、不安的尴尬局面。当别人说了错话或显得拘谨时，务必马上转移视线，以免对方把自己的眼光误认为是对其的嘲笑和讽刺。如果你希望在争辩中获胜，那就千万不要移开目光，直到对方眼神转移为止。送客时，要等客人走出一段路，不再回头张望时，才能转移目送客人的视线，以示尊重。

在谈判中，也很讲究眼神的运用。一方让眼镜滑落到鼻尖上，眼睛从

眼镜上面的缝隙中窥探，就是对对方鄙视和不敬的情感表露。一方在不停地转眼珠，就要提防其在打什么新主意。双目生辉、炯炯有神，是心情愉快、充满信心的反映，在谈判中保持这种眼神有助于取得对方的信任和合作。相反，双眉紧锁、目光无神或不敢正视对方，都会被对方认为无能，可能引发对自己不利的结果。

眼神还可传递其他信息，已被人注视而将视线移开的人，大多有很强的自卑感。无法将视线集中在对方身上或很快收回视线的人，多半属于内向型性格。仰视对方，表示尊敬和信任；俯视对方，表示有意维护自己的尊严。视线活动多且有规则，表明其在用心思考。听别人讲话时，一面点头，一面却不将视线集中在讲话人身上，表明对此话题不感兴趣。说话时对方将视线集中在你身上的人，表明他渴望得到你的理解和支持。游离不定的目光传递出来的信息是心神不宁或心不在焉。

眼神能表达出异常丰富的信息，但微妙的眼神有时是只可意会而难以言传的，只能靠我们在社会实践中用心体察、积累经验、努力把握，方能在社交中灵活运用眼神。

以案说礼

"总统"的仪态

曾任美国总统的老布什，能够坐上总统的宝座，成为美国"第一公民"，与他的仪态表现是分不开的。在1988年的总统选举中，布什的对手杜卡基斯猛烈抨击布什是里根的影子，没有独立的政见。而布什在选民中的形象也的确不佳，在民意测验中一度落后于杜卡基斯十几个百分点。不料两个月以后，布什以光彩照人的形象扭转了劣势，反而领先十几个百分点，创造了奇迹。原来布什有个毛病，他的演讲水平不太高，嗓音又尖又细，手势及手臂的动作总显得死板，身体动作不美。后来布什接受了专家的指导，纠正了尖细的噪音、生硬的手势和不够灵活的摆动手臂的动作，结果就有了新颖独特的魅力。在以后的竞选活动中，布什竭力表现出强烈的自我意识，改变了人们对他的评价。布什还以卡其布蓝色条子厚衬衫，显示其"平民化"，终于获得了最后的胜利。

2. 形体礼仪——姿态

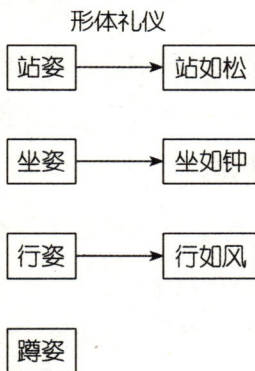

形体礼仪

站姿 → 站如松

坐姿 → 坐如钟

行姿 → 行如风

蹲姿

（1）站——站如松

①标准的站姿。

标准的站姿，从正面看，全身笔直，精神饱满，两眼正视（而不是斜视），两肩平齐，两臂自然下垂，两脚跟并拢，两脚尖张开 60 度，身体重心落于两腿正中；从侧面看，两眼平视，下颌微收，挺胸收腹，腰背挺直，手中指贴裤缝，整个身体庄重挺拔。

站姿的要领是：一是平，即头平正、双肩平、两眼平视。二是直，即腰直、腿直，后脑勺、背、臀、脚后跟成一条直线。三是高，即重心上拔，看起来显得高。

②不同场合的站姿。

在升国旗、奏国歌、接受奖品、接受接见、致悼词等庄严的场合，应采取严格的标准站姿，而且神情要严肃。

在发表演说、新闻发言、作报告宣传时，为了减少身体对腿的压力，减轻由于较长时间站立双腿的疲倦，可以用双手支撑在讲台上，两腿轮流放松。

主持文艺活动、联欢会时，可以将双腿并拢站立，女士可以站成"丁"字步，让站立姿势更加优美。站"丁"字步时，上体前倾，腰背挺直，臀微翘，双腿叠合，玉立于众人间，富有女性魅力。

门迎、侍应人员往往站的时间很长，双腿可以平分站立，双腿分开不宜超过肩。双手可以交叉或前握垂放于腹前；也可以背后交叉，右手放到左手的掌心上，但要注意收腹。

礼仪小姐的站立要比门迎、侍应更趋于艺术化，一般可采取立正的姿势或"丁"字步。如双手端执物品时，上手臂应靠近身体两侧，但不必夹紧，下颌微收，面含微笑，给人以优美亲切的感觉。

男士的基本站姿：身体直立，抬头、挺胸、收腹，下颌微收，双目平视，两腿分开，两脚平行，宽不过肩，双手自然下垂贴近腿部或交叉于身后。

女士的基本站姿：身体直立，抬头、挺胸、收腹，下颌微收，双目平视，两脚成"V"字形，膝和脚后跟尽量靠拢，两脚尖张开距离为两拳，双手自然放下或交叉。

（2）坐——坐如钟（端庄、稳重、大方）

①男士基本坐姿。

上身挺直、胸部挺起，两肩放松、脖子挺直，下颌微收，双目平视，两脚分开、不超肩宽、两脚平行，两手分别放在双膝上。轻轻入座，至少坐满椅子的2/3，后背轻靠椅背，双膝自然并拢（也可略分开）。对坐谈话时，身体稍向前倾，表示尊重和谦虚。如果长时间端坐，可将两腿交叉重叠，但要注意将腿向回收。

②女士的基本坐姿。

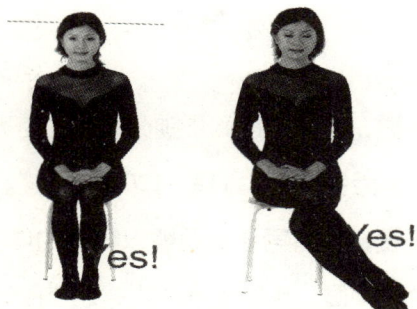

女士可以两腿并拢，两脚同时向左放或向右放，两手相叠后放在左腿

领导干部的礼仪风度

或右腿上；也可以两腿并拢，两脚交叉，置于一侧，脚尖朝向地面。

小贴士
▼

入座和离座注意点

入座：   离座：

在他人之后   先有表示

在适当之处   注意先后

从座位左侧   起身缓慢

向周围人致意   站好再走

毫无声息   从左离开

以背部接近座椅

44

（3）行——行如风

①规范的行姿。

行走时，双肩平稳，目光平视，下颌微收，面带微笑。行步速度，一般是男士108～110步/分钟、女士118～120步/分钟。上身基本保持站立的标准姿势，挺胸收腹，腰背笔直；两臂以身体为中心，前后自然摆动。前摆约35度，后摆约15度，手掌朝向体内；起步时身子稍向前倾，重心落在前脚掌，膝盖伸直；脚尖向正前方伸出，行走时双脚踩在一条线上。

正确的行走，上身的稳定与下肢的频繁规律运动形成和谐对比，干净利落、鲜明均匀的脚步具有节奏感，前后、左右行走动作平衡对称，呈现出行走时的形式美。

有人编了走路的动作口诀，体现了行姿的要领：双眼平视臂放松，以胸领动肩轴摆，提髋提膝小腿迈，跟落掌接趾推送。

②不同场合的行姿。

参加喜庆活动，步态应轻盈、欢快、有跳跃感，以反映喜悦的心情。

参观吊丧活动，步态要缓慢、沉重、有忧伤感，以反映悲哀的情绪。

参观展览、探望病人，环境安谧，不宜出声响，脚步应轻柔。

进入办公场所、登门拜访，在室内这种特殊场所，脚步应轻而稳。

走入会场、走向话筒、迎向宾客，步伐要稳健、大方、充满热情。

举行婚礼、迎接外宾等重大正式场合，脚步要稳健，节奏稍缓。

办事联络，往来于各部门之间，步伐要快捷而稳重，以体现办事者的效率、干练。陪同来宾参观，要照顾来宾的行走速度，并善于引路。

（4）蹲姿——蹲的两种形式

蹲的两种形式是高低式蹲姿和交叉式蹲姿。

45

一脚在前，一脚在后，两腿向下蹲，前脚全着地，小腿基本垂直于地面，后脚跟提起，脚掌着地，臀部向下。

男士应注意弯膝。

体态语言的宜与忌

站姿

宜	忌
站直	无精打采站立
脚保持安静	来回移动脚
肩部放松	晃动身体
双臂垂于体侧	双臂抱胸
头和下颌抬起	低头

坐姿

宜	忌
坐直	东歪西靠，坐立不安
两腿平放	两膝分开太远或跷二郎腿
身体微微前倾	双脚不停地抖动

行姿

宜	忌
行走有目的性	脚步拖拉
步伐坚定	步履沉重迟缓
弯腰拣东西时要屈膝	八字步"鸭子步"

3. 身体语言

身体语言，指非词语性的身体符号。身体语言的简称是体语，通过体语实现的沟通叫体语沟通。专门研究体语沟通的领域是身体语言学，包括目光与面部表情、身体运动与触摸、姿势与外貌、身体间的空间距离等。我们在与人交流沟通时，即使不说话，也可以凭借对方的身体语言来探索他内心的秘密，对方也同样可以通过身体语言了解我们的真实想法。

一个人的动作习惯、举手投足、言谈举止，充分表达了他的态度，能真实地透射出他的素质修养、文化内涵等内在气质。

我们以手势为例说明如下：

手势是人们在交往或谈话过程中用来传递信息的各种手势动作。它是人类最早使用的、至今仍被广泛运用的一种交际工具。在长期的社会实践中，手势被赋予了种种特定的含义，具有丰富的表现力，加上手有指、腕、肘、肩等关节，活动幅度大，具有高度的灵活性，手势便成了人类表情达意的最有力的手段之一，在体态语言中占有最重要的地位。

当前流行的看法是把手势分为四种类型：

情绪手势：情绪手势是伴随着说话人的情绪起伏做出的，常常用来表达或强调说话人的某种思想感情、情绪、意向或态度。比如，高兴时拍手

称快，悲痛时捶打胸脯，愤怒时挥舞拳头，悔恨时敲打前额，犹豫时抚摸鼻子，着急时双手相搓；用手摸后脑勺表示尴尬、为难或不好意思，双手叉腰表示挑战、示威、自豪，双手摊开表示真诚、坦然或无可奈何，扬起巴掌猛力往下砍或往外推，常常表示坚决果断的态度、决心或强调某一说词。情绪手势是说话人内在情感和态度的自然流露，往往和表露出来的情绪紧密结合，鲜明突出，生动具体，能给听者留下深刻的印象。

指示手势：指示手势是用来指示具体对象的手势动作。比如，用手指自己的胸口，表示谈论的是自己或跟自己有关的事情；伸出一只手指向某一座位，是示意对方在该处就座。指示手势还可以用来指点对方、他人、某一事物或方向，表示数目，指示谈论中的某一话题或观点等。指示手势可以增强谈话内容的明确性和真切性，便于及时掌握听者的注意力。

模拟手势：比划事物形象特征的手势动作叫做模拟手势。如抬起手臂比划张三的高矮，伸出拇指、食指构成一个圆圈比划鸡蛋的大小，抡起胳膊侧身往后模仿骑马。模拟手势在一定程度上能使听者如见其人，如临其境，由于它往往还带有一点夸张意味，因而极富感染力。

象征手势：象征手势是表示抽象意念的一类手势动作。这种手势往往具有特定的内涵，使用十分普遍。例如，第二次世界大战期间，英国首相丘吉尔推广的一种象征胜利的 "V" 形手势（伸出右手的食指和中指构成 "V" 字形状，余指屈拢），19 世纪初风行于美国而后在欧洲被普遍采用的表示良好、顺利、赞赏等意思的 "OK" 手势（大拇指与食指构成一个圆圈，其他三指伸直张开），就属于此类。再如在我国，举起握成拳头的右手宣誓，表示庄严、忠诚和坚定；少先队员们将右手举过头顶，象征人民的利益高于一切；跷起大拇指，表示称赞、夸奖；跷起小指，表示贬斥、蔑视。象征手势能给谈话制造特定的气氛，从而加强语言的表达效果。

必须指出的是，以上四类手势的划分并不是绝对的，有时一个手势可以包含几种意思。比如，说到要去"拥抱明天，拥抱未来"，人们可能会激动地撒开双手向前伸出，这既是一种情绪的自然流露，又带有指示或象征意味。

会说话的"手"

手是传情达意的最有力的手段，正确适当地运用手势，可以增强感情的表达。手势是旅游接待工作中必不可少的一种体态语言，学习手势语是大有学问的。有的接待人员在服务过程中，手势运用不规范、不明确，动作不协调，寓意含混，给宾客留下漫不经心、不认真、接待人员素质不高等印象。

不同手势的含义：

"O"形手势。它也叫圆圈手势，19世纪流行于美国。"OK"的含义在所有讲英语的国家中是众所周知的，但在法国，"O"形手势代表"零"或"没有"，在日本代表"钱"，在一些地中海国家用来暗示一个男人是同性恋者，在中国这个手势表示"零"。

翘大拇指手势。在英国、澳大利亚、新西兰等国，翘大拇指代表搭车，但如果大拇指急剧上翘，则是侮辱人的信号。在表示数字时，他们用大拇指表示5。在中国，翘大拇指是积极的信号，通常指高度的赞扬。

"V"形手势。第二次世界大战期间，英国首相温斯顿·丘吉尔推广了这个手势，表示胜利，非洲大多数国家也如此。但如果手心向内，在澳大利亚、新西兰、英国则是一种侮辱人的信号，代表"up yours"。在欧

49

领导干部的礼仪风度

洲各地也可以表示数字"2"。

塔尖式手势。这一手势具有独特的表现风格,自信者、高傲者往往使用它,主要用来传达"万事皆知"的心理状态,是一种消极的人体信号。

背手。英国皇家的几位主要人物以走路时昂首挺胸、手背身后的习惯而著称于世。显然这是一种表示拥有至高无上的权威、自信或狂妄的人体信号。将手背在身后还可起到一定的"镇定"作用,使人感到坦然自若,赋予使用者胆量和权威。

三、交谈礼仪

交谈是人们日常交往的基本方式之一。美国著名的语言心理学家多罗西·萨尔诺夫曾说:"说话艺术最重要的应用,就是与人交谈。"从广泛意义上来讲,交谈是人们交流思想、沟通感情、建立联系、消除隔阂、协调关系、促进合作的一个重要渠道。

公务员在交谈时的具体表现,往往与其工作能力、从政水平、个人魅力以及待人接物的方式紧密联系在一起。因此,交谈是公务员个人素质的有机组成部分。

交谈礼仪,即基层公务员在一般场合与人交谈时应当遵循的各种规范和惯例,主要涉及交谈的态度、交谈的语言、交谈的内容、交谈的方式四个方面。

1. 交谈的态度

公务员在交谈时所表现出来的态度,往往是其内心世界的真实反映。若想使交谈顺利进行,就要对自己的谈话态度予以准确把握、适当控制。

具体而言，公务员在交谈时应当体现出以诚相待、以礼相待、谦虚谨慎、主动热情的基本态度，切不可逢场作戏、虚情假意、敷衍了事、油腔滑调。

　　第一，表情自然。

　　表情，通常是指一个人面部的表情，即一个人面部神态、气色的变化和状态。人们在交谈时所呈现出来的种种表情，往往是个人心态、动机的无声反映。基层公务员为了体现自己的交谈诚意和热情，应当对表情予以充分注意。

　　交谈时目光应专注，或注视对方，或凝神思考，从而和谐地与交谈进程相配合。眼珠一动不动，眼神呆滞，甚至直愣愣地盯着对方，都是极不礼貌的。目光游离，漫无边际，则是对对方不屑一顾的失礼之举，也是不可取的。如果是多人交谈，就应该不时地用目光与众人交流，以表示交谈是大家的，彼此是平等的。

　　基层公务员在交谈时可适当运用眉毛、嘴、眼睛在形态上的变化，表达自己对对方所言的赞同、理解、惊讶、迷惑，从而表明自己的专注之情，并促使对方强调重点、解释疑惑，使交谈顺利进行。

　　基层公务员交谈时的表情应与说话的内容相配合。与上级领导谈话时，应当恭敬而大方；与群众谈话时，应当亲切而温和；在秉公执法时说话，应当严肃而认真。

　　第二，举止得体。

　　人们在交谈时往往会有意无意地做出一些动作。这些肢体语言通常是自身对谈话内容和谈话对象的真实态度的反应。因此，基层公务员务必要对自己的举止予以规范和控制。

　　适度的动作是必要的。例如，发言者可用适当的手势来补充说明其所

阐述的具体事由。倾听者则可以点头、微笑来反馈"我正在注意听"、"我很感兴趣"等信息。可见，适度的举止既可表达敬人之意，又有利于双方的沟通和交流。

避免过分、多余的动作。与人交谈时可以有动作，但动作不可过大，更不要手舞足蹈、拉拉扯扯、拍拍打打。为表达敬人之意，切勿在谈话时左顾右盼，或是双手置于脑后，或是高架"二郎腿"，甚至剪指甲、挖耳朵等。交谈时应尽量避免打哈欠，如果实在忍不住，也应侧头掩口，并向他人致歉。尤其应当注意的是，不要在交谈时以手指指人，因为这种动作有轻蔑之意。

第三，遵守惯例。

除了表情和举止之外，基层公务员在交谈时往往能通过一些细节来显示自己的谈话态度。为表达自己的诚意、礼貌与热忱，基层公务员在这些细节的处理上要遵守一定的既成惯例。

注意倾听。倾听是与交谈过程相伴而行的一个重要环节，也是交谈顺利进行的必要条件。基层公务员在交谈时要认真聆听对方的发言，用表情举止予以配合，从而表达自己的敬意，并为积极融入到交谈中去做最充分的准备。切不可上演"独角戏"，对他人的发言不闻不问，甚至随意打断对方的发言。

倾听的礼仪：

◎集中注意力，真心诚意地倾听；

◎要有耐心，不能随便打断别人讲话；

◎偶尔提问或提示可以澄清谈话内容；

◎适时给予反馈。

倾听中的"宜"与"忌"见下表。

宜	忌
改换说法，重述讲话人所说内容以表明自己已经理解了对方所说的话	打断对方讲话
提出适当以及有关的问题	左耳进，右耳出；心不在焉
发表相似看法，使谈话顺利进行下去	半路转变别人话题

谨慎插话。在交谈中，不应随便打断别人讲话，要尽量让对方把话说完再发表自己的看法。如确实要插话，应向对方打招呼："对不起，我插一句行吗？"但所插之言不可冗长，一两句点到即可。

礼貌进退。参加别人谈话之前应先打招呼，征得对方同意后方可加入。相应地，他人想加入己方交谈，则应以握手、点头或微笑表示欢迎。如果别人在个别谈话，不要凑上去旁听。若确实有事需与其中某人说话，也应等到别人说完后再提出要求。谈话中若遇有急事需要处理，应向对方打招呼并表示歉意。值得注意的是，男士一般不宜参与妇女圈子的交谈。

注意交流。交谈是一个双向或多向交流的过程，需要各方的积极参与。因此，在交谈时切勿造成"一言堂"的局面。自己发言时要给其他人发表意见的机会，别人说话时自己要适时发表个人看法，采用互动方式促进交谈进行。

2. 交谈的语言

语言是交谈的载体，交谈过程即语言的运用过程。语言运用是否准确恰当，直接影响交谈能否顺利进行。因此，基层公务员在交谈中尤其要注意语言的使用问题。

一要平易通俗。基层公务员作为人民的公仆，自当以质朴的形象示人。因此，在交谈时，一定要以务实为本。

公务员所使用的语言最好是让人一听便懂的明白话。如果基层公务员

在交谈时所使用的语言过于雕琢，甚至咬文嚼字、矫揉造作，满嘴的专业术语和子曰诗云，堆砌辞藻、卖弄学识，则只会让人闻之生厌，不知所云。

在与普通群众交谈时，基层公务员应充分考虑对方的职业、受教育程度等因素，所说的话更应力求平易通俗，以利于沟通与交流。如果满口"官话"，不仅有碍信息的传达，而且容易脱离群众。

二要文明礼貌。日常交谈虽不像正式发言那样严肃郑重，但也不能不讲用语的文明礼貌。

在交谈中，要善于使用一些约定俗成的礼貌用语，如"您"、"谢谢"、"对不起"等。尤其应当注意的是，在交谈结束时，应当与对话方礼貌道别，如"有空再聊吧"、"谢谢您，再见"等。即使在交谈中有过争执，也应不失风度，切不可来上一句"说不到一块儿就算了"、"我就是认为我对"等。

交谈中应当尽量避免使用一些不文雅的语句和说法，不宜明言的一些事情可以用委婉的词句来表达。例如，想上厕所时，宜说："对不起，我去一下洗手间。"或说："不好意思，我去打个电话。"

公务员在交谈时切不可意气用事，以尖酸刻薄的话对他人冷嘲热讽；也不可夜郎自大、目中无人，处处教训指正别人。作为各级政府的形象代表，公务员务必要谦虚大度，文雅用语，礼貌交谈。

三要简洁明确。基层公务员在交谈时所使用的语言应当力求简单明了，言简意赅地表达自己的观点和看法，切忌喋喋不休、啰啰唆唆。这不仅能提高工作效率，而且还可以体现自己的精明强干。

交谈时最基本的一点，就是要让他人准确无误地听懂自己的发言。因此，基层公务员在交谈时要使用明确的语言。这里的"明确"，应当包含两层意思：一是要求发音标准，吐字清晰。与人交谈时，最起码的一点要求是让对方听清自己的话，否则就根本谈不上交流。当前最重要的是忌用方言、土语，而应以普通话作为正式标准用语。二是所说的话含义明确，不可产生歧义、模棱两可，以免产生不必要的误会。例如有这样一句话："咱们单位里老张是长寿冠军，您排第二。可上周老张不幸去世了，所以这回该是您了！"这句话的原意是说对方已取代老张成为长寿冠军了，可乍一听却以为是说对方也要步老张后尘赴黄泉路了。可见，含义明确是十分必要的。

3. 交谈的内容

交谈的内容是关系到交谈成败的决定性因素。基层公务员所选择的交谈内容，往往被视为个人品位、志趣、教养和阅历的集中体现。交谈内容的选择应当遵循一定的原则和要求。

切合语境。语境即说话的语言环境，它指的是说话的客观现场环境，包括时间、地点、目的以及交谈双方的身份等。基层公务员在交谈内容的选择上要切合语境，这主要有下面两层含义：一是遵守 TOP 原则。T 即时间，P 即地点，O 即场合。基层公务员的交谈内容要与交谈的时间、地点与场合相对应，否则就可能犯错误。二是符合身份。交谈者的身份也是语境的构成要素之一。基层公务员作为国家行政机关的公职人员，是政府的形象代表，因此其交谈内容的选择一定要符合身份，要努力使自己的谈话符合我国的法律法规，并与党的路线方针政策保持一致。切勿与现行政策法规唱反调，切勿泄露国家机密。

因人而异。所谓因人而异，就是指基层公务员在交谈时要根据交谈对象的不同而选择不同的交谈内容。

谈话的本质是一种交流与合作，因此基层公务员在选择交谈内容时，

就应当多为谈话对象着想，根据对方的性别、年龄、性格、民族、阅历、职业、地位而选择适宜的话题。如果完全不考虑这些因素，交谈就难以引起对方的共鸣，难以达到沟通和交流的目的，甚至会引发相互对立的情绪。

正是由于交谈各方往往有着不同的性别、年龄、阅历和职业等主观条件，交谈中经常会发生彼此有不同的兴趣爱好、关注话题等情况。遇到此种情况，基层公务员应当本着求同存异的原则，选择大家都感兴趣的话题作为谈话内容，使各方在交谈过程中有来有往、彼此呼应、热情参与、皆大欢喜。如果选择了双方都不感兴趣或者只有一方感兴趣的话题，交谈只能是不欢而散。因此，交谈必须"求同"。

如果交谈各方在交谈中对某一问题产生了意见或观点的分歧，不妨进行适度的辩论。但这种辩论是建立在理性基础上的，如果谁也不能说服谁，就应当克制自己的情绪，保留歧见。切不可为了强行说服别人而争得面红耳赤，导致不欢而散。因此，交谈必须"存异"。

除去上述几条具体原则外，基层公务员在选择交谈内容时还应遵循以下四点：

其一，选择高雅的内容。基层公务员作为国家行政工作人员，应当自觉地选择高尚、文明、优雅的内容，如哲学、历史、文学、艺术、风土人情、传统、典故，以及政策国情、社会发展等话题。不宜谈论庸俗低级的内容，如男女关系、凶杀惨案，更不应参与小道消息的道听途说。

其二，选择轻松的内容。基层公务员在交谈时要有意识地选择那些能给交谈对象带来欢乐的轻松话题，除非必要，切勿选择那些让对方感到沉闷、压抑、悲哀、难过的内容。

其三，选择擅长的内容。交谈的内容应当是自己或者对方所熟知甚至擅长的。选择自己所擅长的内容，就会在交谈中驾轻就熟，得心应手，并令对方感到自己谈吐不俗，对自己刮目相看。选择对方所擅长的内容，则既可以给对方发挥长处的机会，调动其交谈的积极性，也可以借机向对方表达自己的谦恭之意，并可取人之长、补己之短。应当注意的是，无论是选择自己擅长的还是选择对方擅长的内容，都不应当涉及另一方一无所知的内容；否则便会使对方感到尴尬难堪，或者令自己贻笑大方。

其四，回避忌讳的内容。每个人都有自己忌讳的话题，基层公务员在交谈时要注意回避对方的忌讳，以免引起误会。例如，不干涉对方的私生活，不询问对方单位的机密事宜等。

由于中外生活习惯有差异，许多国内司空见惯的话题往往是触犯外国人禁忌的敏感内容。因此，基层公务员在与外国人打交道时，尤其要注意回避对方忌讳的话题。例如，过分地关心他人的行动去向，了解他人的年龄、婚姻、收入状况，询问他人的身高、体重等，都被外国人视为对其个人自由的粗暴干涉，是交谈所不宜涉及的。

4. 交谈的方式

交谈的方式，即人们在与他人进行交谈时所采用的具体形式。交谈方式的选择恰当与否，对于能否正确进行人际沟通、恰当表达个人思想、友善传递敬人之意都起着相当关键的作用。一般而言，可供基层公务员选择的谈话方式主要有如下六种：

第一，倾泻式交谈。倾泻式交谈就是人们通常所说的"打开窗户说亮话"，无所不言，言无不尽，将自己的所有想法和见解统统讲出来，以便让对方较为全面、客观地了解自己的内心世界。倾泻式交谈的基本特征是以我为主，畅所欲言。

采用倾泻式交谈，易赢得对方的信任，而且可以因势利导地掌握交谈

的主动权，控制交谈的走向。但此种交谈方式会给人以不稳重之感，有可能泄密，而且还会被人误以为是在和对方"套近乎"。

第二，静听式交谈。静听式交谈即在交谈时有意识地少说多听，以听为主。当别人说话时，除了予以必要的配合，自己主要是洗耳恭听。在听的过程中努力了解对方的思路，理清头绪，赢得时间，以静制动。

静听式交谈的长处在于它既是表示谦恭之意的手段，亦可后发制人，变被动为主动。但此种方式并非要人自始至终一言不发，而是要以自己的片言只语、神情举止去鼓励、配合对方；否则就会给人以居官自傲、自命不凡之感。

第三，启发式交谈。启发式交谈即交谈一方主动与那些拙于辞令的谈话对象进行合作，在话题的选择或谈话的走向上对对方多方引导、循循善诱，或者抛砖引玉，鼓励对方采用恰当的方式阐述己见。

公务员在采用此种交谈方式时，切勿居高临下，企图以此控制对方；也不可存心误导对方、愚弄对方，令对方丢人现眼。

第四，跳跃式交谈。跳跃式交谈即在交谈中，倘若一方或双方对某一话题感到厌倦、不合时宜、无人呼应或难以回答，及时地转而谈论另外一些较为适当的、双方都感兴趣的话题。

跳跃式交谈的长处在于可使交谈者避免冷场的尴尬，使交谈顺利进行。跳跃式交谈虽可对交谈话题一换再换，但交谈者切勿单凭个人兴趣频繁跳换话题，让对方无所适从，要使双方处于平等的地位，共同选择适当的内容。

第五，评判式交谈。评判式交谈即在谈话中听取了他人的观点、见解后，在适当的时刻，以适当的方法，恰如其分地插话，来发表自己的主要看法。此种方式的主要特征是当面肯定、否定或补充、完善对方的发言内容。

公务员在涉及根本性、方向性、原则性问题的交谈中，有必要采取评判式交谈。采用这种方式的关键是注意适时与适度，同时要与对方彼此尊重、彼此理解、彼此沟通。切不可处处以"仲裁者"自居，不让他人发表意见，或是不负责任地信口开河，对他人的见解妄加评论，甚至成心与他人唱反调，粗暴无礼地打断别人的谈话。

第六，扩展式交谈。扩展式交谈即围绕大家共同关心的问题，进行由此及彼、由表及里的探讨，以便开阔思路、加深印象、提高认识或达成一致。扩展式交谈的目标在于使各方各抒己见，交换意见，以求集思广益。

扩展式交谈能使参与交谈的有关各方统一思想，达成共识，或者交换意见，完善各自的观点。基层公务员在进行扩展式交谈时，一定要注意就事论事，以理服人，善于听取他人的意见，切不可自命不凡、强词夺理。

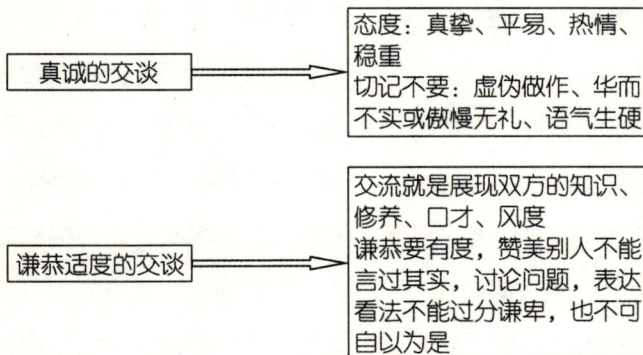

真诚的交谈	→	态度：真挚、平易、热情、稳重 切记不要：虚伪做作、华而不实或傲慢无礼、语气生硬
谦恭适度的交谈	→	交流就是展现双方的知识、修养、口才、风度 谦恭要有度，赞美别人不能言过其实，讨论问题，表达看法不能过分谦卑，也不可自以为是

四、领导干部的服饰

一个人有美好的长相、匀称挺拔的身材、美观大方的服饰均能增添人的仪表魅力，给人以舒服、美好的感觉。如果说，人的长相是天生的、身材长短难以变更的话，服饰则是可以变化的。心理学家曾做过一个很有趣

的实验，把 10 张小姑娘的照片给受试者看，其中 8 人容貌姣好、服饰美观，另两位姑娘的衣服破旧而且她们的长相也比较差。心理学家告诉受试者，其中一人是小偷。结果，80% 的受试者认为后者是小偷。这说明人们总是喜欢那些看上去令人感觉舒适、有美感的人。那么，我们的领导干部仔细修饰自己，在社会交往过程中给人们可亲的个人外在形象，加强内在的文化修养，都是十分必要的。

1. 服饰与文化

衣裳的制作是人类社会进步即文化的产物，服饰本身即是一定社会中文化的重要组成部分。我们的前人对服饰在社会文化中的地位和作用极为重视，甚至将其提到天下治乱的高度来认识。《易·系辞》就说："黄帝、尧、舜，垂衣裳而天下治，盖取诸乾坤。"服饰竟然成了治理天下的工具。文化是一种社会现象，是人们长期社会实践的产物；同时它又是一种历史现象，是社会历史的积淀物。确切地说，文化是指一个国家或民族的历史、地理、风土人情、传统习俗、生活方式、文学艺术、行为规范、思维方式、价值观念等。当代中国社会在使用"文化"概念时一般具有以下三个主要特性：（1）历史性；（2）群体性；（3）影响性。如华夏文化、思想文化、饮食文化、服饰文化等。众所周知，北京的胡同记录了北京历史的变迁、时代的风貌，并蕴涵了浓郁的地方文化生活气息，是天然的北京民俗风情展览馆，烙下了北京市民的各种社会生活印记，由此而产生的"文化"含义当然应同于"华夏文化"诸例。

不同的时代背景产生不同的服饰，不同的服饰与文化发展的关系密切。无论是从社会的横断剖面还是从历史的纵向发展来看，服饰都是人类文化的重要组成部分，一个民族的服饰变化是与其总体文化的演进紧密联系的。只有在一个民族的文化背景下，才能对该民族的服饰作出深刻的理解。

　　文化是与人类社会发展联系在一起的。在人类社会出现以前，物质世界中根本不存在任何文化现象；反之，人类社会的全部历史就是一部文化发展史。凡是人类在社会历史实践过程中所创造的一切物质财富和精神财富，都可以归结为文化。

　　在刚刚与动物相揖别之后的相当一段时间内，早期人类是没有任何服饰的。现代科学已经证明，和人、猿人最切近的进化环节是哺乳动物中的灵长类。一切哺乳动物（也包括鸟类等非哺乳动物）与外界气温的适应和体内温度的调节，是靠皮毛来实现。秋冬绒毛生长，春夏绒毛脱落，是鸟类、兽类中随处可以观察到的事实。如果猿和人的揖别点是以学会制造工具来确定的话，那么第一批早期人类不可能在学会制造工具的同时，体毛就会掉光。因此，在相当长的时间内，原始人类与外界气温的适应和对自己体温的调节，仍然是靠体毛来实现的。随着早期人类对世界的认识能力和实践水平的提高，随着人的自我意识的逐渐确立，人们才慢慢学会利用自然物来遮蔽自己身体的某些部分；而体毛的脱落和经过简单缝制的衣裙的出现，则经历了更长的时间。我国古书《世本》佚文中有"伯余作衣裳"、"胡曹作衣，胡曹作冕"、"於则作絣履"的记述，肯定衣裳出现于"伏羲、女娲、神农"的三皇时代。传说中的三皇时代对我们来说当然十分遥远，但在人类进化史上却是相当晚近的事。同时还应该指出，像衣裳之类日常用品的制作或发明绝不可能是个别人的事，而是人类文化发展的产物，传说中的"胡曹"只不过是当时人类群体的一种代称。《中国文化史》一书的作者柳治徵先生明确指出："自燧人以迄唐、虞洪水之时，其历年虽无确数，以意度之，最少当亦不下数千年。故合而观其制作，则惊古圣之多；分而按其时期，则见初民之陋。牺、农之时，虽有琴瑟、罔

罟、耒耜、兵戈诸物，其生活之单简可想。至黄帝时，诸圣勃兴，而宫室、衣裳、舟车、弓矢、文书、图画、律历、算数始并作焉。故洪水以前，实以黄帝时为最盛之时。后世盛称黄帝，有以也。然黄帝时之制作，或待前人之经验或赖多士之分工，万物并兴，实非一手一足之力。故知社会之开明，必基于民族之自力，非可徒责望于少数智能之士。而研究历史，尤当涤除旧念，着眼于人民之进化。勿认开物成务，为一人一家之绩也。"

我们知道，人类在历史实践中所创造的文化可以区分为物质文化、精神文化和制度文化三种大的类型。其中，物质文化实在具体，具有形象、直观的特点，和人们的生产、生活关系十分密切，因而处处使人们觉得不可缺少。

与一切物质文化的创造物相一致，服饰也拥有具体形象、直观显眼、实用普及等特点。人们在社会生活中都必须穿戴一定的服饰，而且服饰是无保留地呈现在人们面前的，人们只要上下打量一眼就可以了解到服饰的质料、形制、色彩、组合，从而也就可以大略了解这个人处于一种什么样的"文化"水平之上。由于服饰可以由各种各样的材料剪裁缝制而成，衣裙的用料如何也就可以反映穿衣人的生活。社会的生产发展程度，会反映穿衣人的经济状况和生活水平。又由于服饰都不是纯粹的天然物，总要进行剪裁缝制、琢磨加工和连缀搭配，所以它又直观地反映出一定地区、一定民族乃至一定时代的工艺技术水平。服饰还是一定社会中地域划分、等级区别的标志，一个人的服饰也就是一定社会地位的显性表现。除此而外，人们的服饰还都是工艺品、艺术品。它既具有一定的独立性，又必须与具体的人体结合而充分展示其艺术性，因此它既供穿戴者欣赏，更供旁观者欣赏。同时，服饰这一艺术品不依靠与日常生活的分离而恰恰要依托

与日常生活的统一而确立自己的艺术地位。这样一来，服饰的质料、形制、款式、色彩无不体现出穿着者本人和周围人们的审美情趣、审美习惯、审美追求和审美理想，体现出一定程度的社会文化心理结构。总之，服饰文化首先是一种形象、直观的物质文化，但在这一形象、直观的物质文化物中，却又包含着极其广阔、深刻的精神文化和制度文化的内容，因而具有无比丰富的社会内涵和文化内容。

郭沫若说过："衣裳是文化的表征，衣裳是思想的形象。"从"社会文化"的角度出发，我们讲的是"现实的"服饰。因此，服饰是人类文化的显性表征。①

2. 领导干部的服饰文化

对于领导干部而言，个人形象的修饰是其在工作上取得成功的重要环节。良好的个人形象不仅有助于赢得交往对象的尊重与敬意，而且能够塑造积极的工作氛围，提高所在单位的整体工作效率。因此，个人形象的修饰是领导干部有所作为的先决条件。

领导干部的个人修饰应当是全面而广泛的，其主要内容包括着装的修饰、语言的修饰和环境的修饰三个部分。这里介绍着装的修饰。

（1）着装的规范

领导干部要塑造良好的个人形象，首先必须对自己的着装予以充分的重视。需要明确的是，这里的"修饰"并非要使衣着奢华夸张、脱离群众，而是要符合一定的规范，恰如其分地体现出"人民公仆"的形象。

①着装应力求整洁。着装整洁是一条放之四海而皆准的穿着原则，对于领导干部而言也不例外。着装的整洁与否不仅反映着装者个人素质的高

① 雅虎知识，http：//ks. cn. yahoo. com/question/1407021305946. html。

领导干部的礼仪风度

低，同时也体现着装者的工作态度。

试想，如果一个人的衣着总是脏兮兮、皱巴巴、臭烘烘，甚至衣衫褴褛、破烂不堪，他又怎能安心投入工作，又怎能使其交往对象对其工作能力予以信任？如果一个人连自己的个人卫生都没法搞好，又怎能尽一个"人民公仆"所应尽的职责？

因此，着装整洁是必要的。要做到着装整洁，就必须做到衣着勤洗勤换，每天都以一个干净卫生的形象走上工作岗位。

②着装应力求朴实。朴实无华是领导干部形象的基本要求。要做到这一点，就必须做到着装素雅大方、合乎身份，切不可刻意追求衣着的时尚和前卫。

具体而言，领导干部在工作场合的服装，色彩宜少不宜多，图案宜简不宜繁，款式宜雅不宜俗。

③着装应力求庄重。从某种程度上讲，领导干部所代表和体现的是其所在国家机关的组织形象，是干部队伍的整体形象，也是整个国家与民族的形象。因此，庄重着装是领导干部基本的素养体现。

（2）着装的原则

在不同的社交场合，对服装的要求是不同的。比如参加宴会、晚会等重要社交活动的服装与郊游、运动或居家休息的服装就有很大区别。为了着装得体，就要了解在什么场合应穿什么衣服，什么服装适合在什么场合穿。如选择正装，就要求正式、实用、规范，制作精良大方，外观整洁，讲究文明。

正式服装用于参加婚葬仪式、会客、拜访、社交场合。这类服装的式样一般是根据穿用的目的、时间、地点而定的。现在的正式服装正在简化，但是保持着它的美感和庄重感。穿着正式服装时，要注意与自身条件相协调，并慎重选择款式和面料，这样才能给人以雅致的印象。

着装时，应遵循人们公认的三原则，即时间原则、环境原则和个性原则。

★时间原则

它是指在不同的时代、不同的季节、不同的时间应穿不同的服装。服装是有时代性的。比如，封建时代，女子一律穿旗袍，男子一律是长袍马褂、对襟开衫，若有人穿西装就会被讥笑为"假洋鬼子"。新中国成立后，不分男女老少，一律是蓝制服或绿军装，谁若穿着讲究一点，必然被视为资产阶级情调。而现在服装已成为显示风度气质、文化修养和身份地位的重要工具。服装有季节性，如在深秋时节穿一件无袖、轻薄的连衣裙，就很难给人留下美感。服装还有时间性，一般有日装、晚装之分。日装要求轻便、舒适，便于活动，但款式不可以使身体裸露；而晚装则要求艳丽、华贵、珠光宝气，可适当裸露。因此日装、晚装不能颠倒。

★环境原则

它是指不同的工作环境、不同的社交场面，着装要有所不同。比如，一个在外贸公司工作的公关小姐总是喜欢穿款式陈旧、色泽暗淡的服装，尽管她努力工作，能力也不错，但好几次非常有利的工作机会都被那些衣着更时髦、打扮更精神的同事争取到了，因为她的衣着似乎在说"我是一个安分守己的人，我对目前的状况很满意"。因此，着装还要根据环境、场合的变化而变化。上班时不必穿高档服装，不能过于艳丽、裸露，而是要穿端庄大方的西装、衬衫、套裙；上街不可穿居家服、睡衣睡裤；探亲访友着装应沉稳；去医院看望病人，应随意大方；郊游运动，应轻松随便；晚会、舞会则可鲜艳华丽。

★个性原则

这里有两层含义:穿着对象和交际对象。也就是说,你的穿着既要适合自己,能表现自己的个性风格,又要对应别人,与你的交际对象保持协调一致。在生活中,我们常常会看到高高胖胖的女士,上穿一件淡红色紧身衣,下穿一条一步裙,露出肥厚的前胸和粗壮的大腿,令人担心那身衣服随时会崩裂;而身材矮小的女士,却上穿一件深色蝙蝠衫,下穿一条长长的黑色呢裙,宽松肥大的衣裙把她整个人都装了进去,越发显得瘦弱憔悴。男士也是如此,如五短三粗的男子穿着包臀的萝卜裤,让人看上去十分别扭。要穿的自然得体,就得根据自己的高矮胖瘦,选择不同质地、颜色、款式的服装。

着装还受容貌、肤色、年龄、职业、性格等多种因素的影响。比如,你的相貌很老成,却总爱穿大花短上衣,就会显得很滑稽;你的肤色偏黄,却爱穿土黄色或黑色服装,就会越发像 "出土文物";你的年龄明明只有十八九岁,却总穿灰色服装,必然像三四十岁的大嫂。着装还要综合考虑自己各方面的条件和社会条件,才能穿出自我、穿出个性。比如,外形和气质都比较活泼的公关小姐,其穿着可以比较艺术、夸张,一件洋红色的旗袍既可显示出身材美,又可将其容貌映衬得鲜亮高雅。而一位女市长的服饰则必须在精明干练、独立果敢中透出一股温和娴雅的天性,比如一身银灰色套裙外加一件黑色外套可能更适合她的身份。

另外,在一些重大的社交场合,你的穿着在表现自我的同时,还必须与他人保持一致。曾有一位企业家会见前来考察的德国同行,由于天气很热,他便像往常一样,穿着汗衫、短裤和凉鞋去了。岂料对方见到他后立刻露出不高兴的神色,没谈几句就起身告辞了。因为在国外,这种重要场合要求穿西装,否则就意味着瞧不起对方。因此,在与人约见之前,一定要仔细考虑对方可能的穿着，并加以对应。这样才能迅速缩短双方的心理距离，博得好感和信任。

注意服饰的色彩。领导干部要注重服饰美学方面的修养。色彩是服装留给人们记忆最深的印象之一，而且在很大程度上也是服装穿着成败的关键所在。色彩对他人的刺激最迅速、最强烈、最深刻，所以被称为"服装之第一可视物"。

一般来讲，不同色彩的服饰在不同的场合所产生的效果是不同的，为此，我们需要对色彩的象征性有一定的了解。

黑色，象征神秘、悲哀、静寂、死亡，或者刚强、坚定、冷峻；

白色，象征纯洁、明亮、朴素、神圣、高雅、恬淡，或者空虚、无望；

黄色，象征炽热、光明、庄严、明丽、希望、高贵、权威；

大红，象征活力、热烈、激情、奔放、喜庆、福禄、爱情、革命；

粉红，象征柔和、温馨、温情；

紫色，象征谦和、平静、沉稳、亲切；

绿色，象征生命、新鲜、青春、新生、自然、朝气；

浅蓝，象征纯洁、清爽、文静、梦幻；

深蓝，象征自信、沉静、平静、深邃；

灰色是中间色，象征中立、和气、文雅。

人们在穿着服装时，在色彩的选择上既要考虑个性、爱好、季节，又要兼顾他人的观感和所处的场合。所以，明代卫泳在《缘饰》中说，春服宜清，夏服宜爽，秋服宜雅，冬服宜艳；见客宜重装；远行宜淡服；花下宜素服；对雪宜丽服。古人对服饰的讲究的确值得我们借鉴。

第三堂课

领导干部的办公礼仪

　　所谓办公礼仪，是指领导干部在工作岗位上处理公事、执行公务时所应当遵守的一系列基本的礼仪规范。办公礼仪不仅包括各级国家机关明文规定的条文律令，而且还涵盖那些约定俗成的行为准则。

　　办公礼仪是对各级干部所从事的实际工作所做的行为规范，对其遵守与否直接影响各级干部能否恪尽职守、高效率地完成自己的本职工作。因此，办公礼仪是领导干部礼仪规范的核心内容，理应为广大干部所高度重视和普遍遵循。

一、办公礼仪的内容

办公礼仪通常涉及的内容有个人的修饰、公务的处理和关系的协调三个方面。

1. 个人的修饰

个人的修饰包括服饰、语言和工作的环境修饰。领导干部个人服饰是个人修养和对外形象的重要表现，我们在前一讲已经作了论述就不再赘述。

语言是领导干部在工作中不可或缺的基本交流工具之一，同时也一直是制约和影响领导干部办公效率的一个主要因素。领导干部往往会因为语言的使用不当而造成工作与交流上的失误，因此注重语言的修饰是领导干部维护个人形象的必要环节。

（1）语言的修饰

①语言应力求规范。

所谓规范，主要是指领导干部在工作场合应以普通话作为工作语言。中国是一个幅员辽阔的多民族国家，每一个地区都有自己特定的语言，有的地区还有自己的文字。这种语言的多样性一方面体现了我国文化的多元化特征，另一方面也给我们的交流带来了许多障碍。

某些干部作为基层党政机关的工作人员，在工作中总是自觉或不自觉地把方言作为工作语言，用方言进行对内和对外交流。应当认识到，以方言作为工作语言，不仅降低了工作的庄重性和严肃性，而且在对外交流中经常会导致许多不必要的误会。

为了解决这一问题，各级机关应当对领导干部的工作语言做出明确的规定，要求领导干部在工作中一律使用普通话，尽量减少因语言引起的交

流障碍。广大领导干部也应当克服种种困难，努力学习普通话，把说普通话作为一项基本的工作要求来完成。

②语言应力求文明。

用语文明，是每一个有修养的人所应该具备的基本素质。对于广大干部而言，更应当做到用语文明。

语言文明，一方面要求各级领导干部在日常交谈中注意交谈内容的文雅，避免格调不高的话题，如小道消息、同事是非等等，也不能说脏话、粗话，更不能讲黑话、黄话和怪话；另一方面，要求各级领导干部注意交谈方式的文雅，要时刻检点自己说话的语气，表达自己热情、亲切、委婉、友善与耐心的态度，避免急躁的情绪、生硬的语气和狂妄的态度。

③语言应力求礼貌。

用语礼貌，是对交往对象表达尊重之意的有效方式。无论是对外执行公务，还是对内与同事交谈，都务必礼貌用语。许多人往往认为同事之间不必客套，说话随便一些无伤大雅。这种看法是有失偏颇的。作为国家机关工作人员，领导干部应当严格遵守公私分明的原则。在工作中，即使与要好的同事交谈，也必须做到以礼相待、礼貌用语。

语言的礼貌一方面要求各级领导干部要善于使用约定俗成的礼貌用语，如问候语、请托语、感谢语、道歉语和道别语等等，并使之成为一种说话的习惯；另一方面还要求各级领导干部注意自己说话的方式，切不可大声喧哗、高声谈笑，以免影响其他人的工作。

（2）环境的修饰

所谓环境的修饰，是指各级领导干部对自己所处的办公地点的修饰。由于工作环境的好坏直接反映领导干部的个人素质和工作态度，并且在很大程度上影响国家干部的工作情绪和办公效率，所以环境的修饰理应成为各级领导干部维护个人形象的重要环节。

①应力求环境的整洁。

一个整洁的办公环境不仅要求办公室卫生状况良好，同时也要求办公室内各种办公用品与资料的摆放并然有序、有条不紊。整洁的办公环境不仅有助于领导干部保持饱满的工作热情，而且能使各项工作按部就班、循序渐进。试想，如果一个办公室满桌、满地都堆放着资料，领导干部又如何能有条理地开展工作呢？

为了保持办公环境整洁，领导干部务必勤于打扫和整理，对自己的资料进行分门别类的处理。为了工作的方便，领导干部一般应在自己的办公桌上划分两个区域。桌子的正前方为"空白区"，用于平时的阅读和写作；桌子的某一侧为"储存区"，用于摆放一些常用的资料和办公用品。切勿在桌上随意放置各种杂物、无用之物和私人用品。对于那些机密文件和不常用的资料，应将其放入特定的资料柜中，并定期予以整理。

②应力求环境的简朴。

作为人民的公仆，各级领导干部应当努力在人民群众的心目中树立起清正廉洁的形象。因此，领导干部办公地点的布置应尽量简单和朴素，办公用品的配置应以实用为基本标准。如果在办公室内添置一些无多大实用性的奢侈品，如地毯、古董等，或者挑选名牌产品以提升规格，就会使交往对象浮想联翩，从而授人以柄。

当然，讲究办公环境的简朴并非与当前我们提倡的办公条件现代化相矛盾。实际上，在科技高速发展的今天，要保证各项工作高效开展，各级国家机关必须相应地对传统的办公设备进行更新换代，否则将极大地制约国家机关的工作效率。一些现代化办公用品，如电脑、传真机、打印机等，都是各级国家机关必备的办公用品。

2. 公务的处理

公务的处理是各级领导干部办公礼仪的实质性内容。公务的有效处理不仅取决于工作能力的强弱，而且还有赖于是否能够遵守一定的行为规范。只有严格遵循各级国家机关一定的公务处理规范，领导干部的工作能力方能充分发挥出来，并转化为实际的工作业绩。

公务处理的行为规范大致包括以下几个方面的内容：

（1）准确定位

领导干部要在工作中取得一定的成就，首先必须对自己的身份与职责形成准确的定位。要明确地认识到，领导干部是人民的公仆，人民的利益永远高于一切。领导干部的主要职责在于为人民服务、为社会服务、为社会主义现代化建设服务。只有明确了这一点，领导干部在执行公务时才能真正做到恪尽职守、任劳任怨。在个人利益与集体利益发生冲突时，才能做出正确的选择。

封建社会遗留下来的"官本位"思想仍然对不少人产生负面影响。一些领导干部以"国家干部"自居，认为自己是"官"，是"管理"人民群众的"官"，理应享受荣华富贵，接受广大人民群众的追捧。这种错误的定位直接导致官僚主义阴魂不散，成为贪污腐败和工作效率低下的思想根源。因此，转变观念，对自己的身份与职责做出准确的定位，是领导干部处理公务的前提条件。

（2）爱岗敬业

领导干部在对自己的身份与职责做出准确的定位以后，还应当对自己的工作岗位充满热情，全身心投入到工作之中，这就是爱岗敬业。领导干部只有真正做到爱岗敬业，才能在工作中充分发挥自己的积极性、主动性和创造性，才能保质保量地完成工作任务。

要做到爱岗敬业，就要培养自己的岗位意识。所谓岗位意识，即岗位感，其主要含义是：每一个领导干部在自己的工作岗位上，都应当全心全意、公而忘私，切不可擅离职守、东游西逛，不可忙里偷闲、玩乐打闹，不可假公济私、损公肥私。

要做到爱岗敬业，还必须培养高度的工作责任感。要在工作上兢兢业业、一丝不苟、踏实勤勉、忠于职守；要认真完成自己的本职工作，不可敷衍了事、得过且过，更不可弄虚作假、讨价还价。一旦自己的工作出现了差错，要勇于承担过失，不可推卸责任。

目前，社会上的一些人对领导干部存在某种看法，在一定程度上揭示了国家机关现存的不良工作作风。造成这种不良工作作风的根源即在于领导干部未能真正做到爱岗敬业。

（3）遵规守时

守时是每一个国家机关工作者都必须遵守的工作纪律。国家机关的各级领导干部更应在这一点上发挥表率作用。要有明确的时间观念，自觉而严格地遵守国家机关法定的作息时间，每天准时上班，按时下班，不可迟到、早退，更不可怠工、旷工。

领导干部能否做到守时，在一定程度上取决于是否具有良好的个人生活习惯。只有在工作之余注意养精蓄锐，避免精力和体力的过度消耗，才能适应单位统一而严格的作息时间安排，才能在工作期间保持旺盛的精力，专心致志、全力以赴，避免工作时玩忽职守、心不在焉。

（4）勤奋钻研

领导干部要在工作中取得成就，就必须刻苦钻研，致力于业务能力的不断提高。随着现代科技的日新月异和对外交流的不断扩大，现代社会对各级领导干部提出了较高的能力要求。为了适应时代发展的需要，更好地

为人民群众服务，为社会主义现代化建设服务，领导干部务必勤奋钻研、精通业务。

要做到勤奋钻研，领导干部就必须努力掌握一些基本的知识与技能。在现代社会，事业的成功与否有赖于个人综合素质的高低。领导干部要在工作中获得成功，除了必须精通专业知识与技能外，还必须对一些基本的知识与技能有一定的了解和把握，如外语、计算机和法律等等。试想，如果一个领导干部连最起码的计算机操作技能都不能掌握，又如何能提高工作效率？如果连最基本的外语对话都不能应付，又如何胜任越来越频繁的对外交流与合作？

3. 关系的协调

良好的人际关系是事业成功的保障。由于领导干部在执行公务、办理公事时经常与各种身份的人进行交往，因此重视人际关系的协调、掌握人际交往的原则与技巧，理应成为每一个领导干部的基本素质。

领导干部要妥善地处理和协调人际关系，关键是要注意以礼待人，尊重每一位交往对象，内求团结，外求和睦。

（1）内部关系的协调

内部交往是外部交往的基础。对于领导干部来说，只有先妥善处理好单位内部的人际关系，才能使对外交流顺利开展。进而言之，国家机关往往有较强的纪律要求，这一特点使得领导干部在工作岗位上更应注意内部人际关系的处理。

在内部交往中，严于律己、宽以待人、确保团结、讲究合作是每一个领导干部都应当严格遵守的基本交往原则。

①与上级的交往。领导干部在与上级进行交往时，首先要坚决服从上级的领导和指挥，尊重上级，认真完成上级布置的任务。在工作中有自己

的观点,这是无可厚非的,但应当注意表达的时机和表达的方式,切不可让上级难堪或者下不来台。例如,私下与上级进行单独交流,委婉地提出个人的看法,无疑将有助于双方的沟通;若当众指责上级的安排举措,不仅会损害双方的关系,而且也不易得到大家的认同。其次要维护上级的威信,支持上级的工作,体谅上级的难处。上级是集体工作的领导者,其威信的维护无疑将有助于工作的顺利开展。切不可在背后议论上级的是非,评论领导的好坏。对于这一点,女性应当予以更多的注意。

②与下级的交往。领导干部在与下级进行交往时,应当注意以下三个方面的内容:首先,要加强与下级的沟通,了解下级的思想和观点,体谅下级的工作压力和困难。沟通是交往成功的必要条件,唯有经常沟通,方能为双方创造和谐的工作氛围。其次,要善于"礼贤下士",尊重下级的人格,发掘下级的工作潜力。上级的工作有赖于下级的支持,如果在工作中总是以上级领导自居,摆出居高临下、盛气凌人的态度,肯定不会得到下级的拥戴和尊重,工作也就无法顺利开展。再次,要支持下级的工作,为下级的成功创造必要的条件。尤其是对于那些新进人员,上级要给予更多的帮助与关心。下级的工作出现失误时,要给予理解和帮助;下级的工作取得成就时,要予以鼓励和表彰。

③与平级的交往。由于地位、职务相当,领导干部与自己的平级进行交往时,经常会因为观点或角度不同而发生一些摩擦,若不注意及时沟通,就可能使双方的关系恶化。因此,与平级的交往是各级领导干部应予以充分重视的内容。具体而言,应当把握下面几点要求:首先,要在工作中互相配合、互相支持,切不可因为不欣赏对方或者与对方有过节而不予合作,甚至暗中破坏对方的工作,更不可为了个人的利益而斤斤计较、互相拆台。其次,要互相团结、互相帮助,不可拉帮结派、自立山头,更不

可相互攻击、制造分裂。同事之间如若钩心斗角、不讲团结，最终将导致单位内部军心涣散和战斗力下降。再次，同事之间要经常开展批评与自我批评，互相促进、互相勉励，以求共同进步。切不可抱着"事不关己、高高挂起"的态度，对同事的优缺点不闻不问，甚至冷眼相待。

（2）对外关系的协调

由于工作的需要，领导干部往往要与外界进行各种交际应酬。需要强调的是，在对外交往中，领导干部不仅代表自己，而且代表国家机关和公务员队伍的整体形象。因此，领导干部务必对自己的外部交往予以充分重视。要在对外交往中取得成功，关键是注意自己的身份，使言行符合自己的身份。

①一般的交往。领导干部在与社会群体进行交往时，要时刻牢记"人民公仆"的身份职责，处处为人民群众着想，绝不能以"官"自居，不能耍官僚作风，更不能对一般同志呼来唤去。要做到这点，就必须遵守以下几项原则：一是要有平等的心，急大家之所急，想百姓之所想，积极主动地为人民群众提供服务，为大家多想事、做好事、做实事。二是要平易近人，真诚相待，不要摆架子、耍官腔，不能感觉高人一等。人民群众前来反映意见和问题时，要认真做好接待工作，不能回避，并且要注意聆听、悉心接受。三是要公平、公正。对广大人民群众要一视同仁，对事情的处理不可按照自己的好恶来区别对待。四是要向群众学习，调动大家的积极性，共同关心和支持领导的工作，达到思想上的和谐统一。

②与社会的交往。在日常社会工作和生活中，领导干部都离不开与各界组织与同事的交往。这种交往具有较强的严肃性和规范性，因此要予以充分重视。在这种交往中，领导干部应当遵循以下几点：一是要在言谈举止上注意分寸，体现领导干部应有的素质和能力，防止表现失当。二是要

远离财色，以免落入一些别有用心之人的圈套。三是要公私有别，切不可假公济私、损公肥私。四是要为官清廉，要正确看待自己的职权，避免权钱交易，防止腐化堕落。五是要慎交朋友，要在广结善缘的同时注意交友谨慎，不可意气用事、感情用事。

二、接待礼仪

1. 关于会议礼仪

会议礼仪是召开会议前、会议中、会议后及参会人应注意的事项，懂得会议礼仪对会议精神的执行有较大的促进作用。

会议礼仪包括会议座次排定、会议发言人的礼仪、会议参加者礼仪、主持人的礼仪。

（1）会议座次排定

环绕式。环绕式就是不设主席台，把座椅、沙发、茶几摆放在会场的四周，不明确座次的具体尊卑，而听任与会者在入场后自由就座。这种安排座次的方式与茶话会的主题最相符，也最流行。

散座式。散座式常见于在室外举行的茶话会。它的座椅、沙发、茶几四处自由组合，甚至可由与会者根据个人要求而随意安置。这样就容易创造出一种宽松、惬意的社交环境。

圆桌式。圆桌式指的是在会场上摆放圆桌，请与会者在周围自由就座。圆桌式又分下面两种形式：一是适合人数较少的，仅在会场中央安放一张大的椭圆形会议桌，而请全体与会者在周围就座。二是在会场上安放数张圆桌，请与会者自由组合。

主席式。这是指在会场上，主持人、主人和主宾被有意识地安排在一起就座。

①主席台必须排座次、放名签，以便领导同志对号入座，避免上台之后互相谦让。

②主席台座次排列，领导为单数时，主要领导居中，2号领导在1号领导左手位置，3号领导在1号领导右手位置；领导为偶数时，1、2号领导同时居中，2号领导依然在1号领导左手位置，3号领导依然在1号领导右手位置。

③几个领导人同时上主席台，通常按机关排列次序排列。可灵活掌握，不生搬硬套。如对一些德高望重的老同志，也可适当往前排；而对一些较年轻的领导同志，可适当往后排。另外，对邀请的上级单位或兄弟单位的来宾，也不一定非得按职务高低来排，通常的原则是：上级单位或同级单位的来宾，其实际职务略低于主人一方领导的，可安排在主席台适当位置就座。这样，既体现了对客人的尊重，又使主客都感到较为得体。

④对上主席台的领导同志能否届时出席会议，在开会前务必逐一落实。领导同志到会场后，要安排在休息室稍候，再逐一核实，并告之上台后所坐方位。如主席台人数很多，还应准备座位图。如有临时变化，应及时调整座次、名签，防止主席台上出现名签差错或领导空缺。还要注意认真填写名签，谨防错别字出现。

主席台人数为单数时

主席台人数为双数时

7 5 3 1 2 4 6 8

主席台

观

众

席

会议座位安排

长条桌

| A7 | A5 | A3 | A1 | A2 | A4 | A6 |

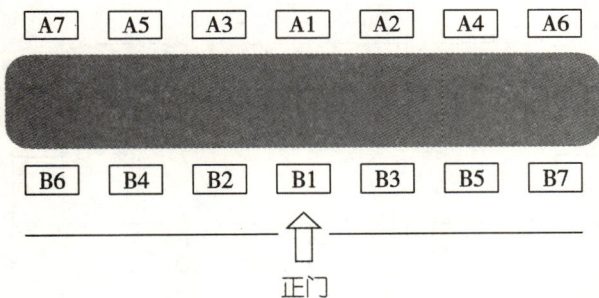

| B6 | B4 | B2 | B1 | B3 | B5 | B7 |

⇧

正门

注：A 为上级领导，B 为主方领导。

正门

⇩

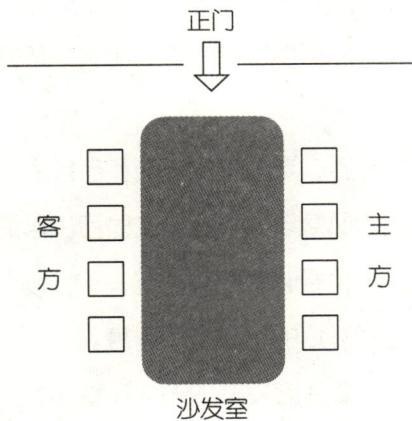

客方   主方

沙发室

与外宾会谈

| 客方译员 | 主方译员 |

| B2 | B1 | A1 | A2 |

| B3 | | | A3 |
| B4 | | | A4 |

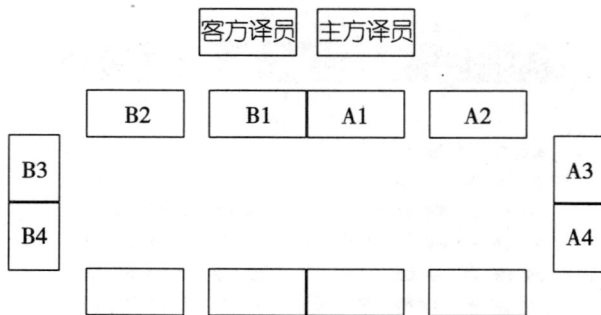

注：A 为主方，B 为客方。

与上级领导座谈

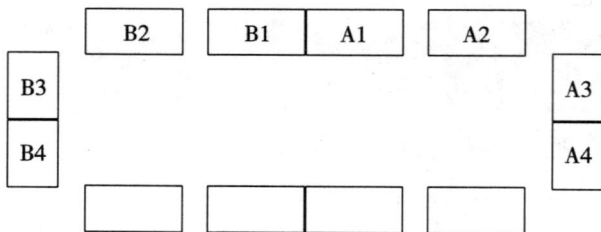

| B2 | B1 | A1 | A2 |

| B3 | | | A3 |
| B4 | | | A4 |

注：A 为上级领导，B 为主方领导。

（2）会议发言人的礼仪

会议发言有正式发言和自由发言两种。前者一般是领导报告，后者一般是讨论发言。

正式发言者应衣冠整齐，走上主席台应步态自然、刚劲有力，体现一种成竹在胸、自信自强的风度与气质。发言时应口齿清晰，讲究逻辑，简明扼要。如果是书面发言，要时常抬头扫视一下会场，不能低头读稿、旁若无人。发言完毕，应对听众的倾听表示谢意。

自由发言则较随意，要注意发言的顺序和秩序，不能争抢发言；发言应简短，观点应明确；与他人有分歧时，应以理服人，态度平和，听从主持人的指挥，不能只顾自己。

如果会议参加者对发言人提问，应礼貌作答；对不能回答的问题，应机智而礼貌地说明理由；对提问人的批评和意见应认真听取，即使提问人的批评是错误的，也不应失态。

（3）会议参加者礼仪

会议参加者应衣着整洁，仪表大方，准时入场，进出有序，依会议安排落座；开会时应认真听讲，不要私下小声说话或交头接耳；发言人发言结束时，应鼓掌致意；中途退场应轻手轻脚，不影响他人。

（4）主持人的礼仪

各种会议的主持人一般由具有一定职位的人来担任，其礼仪表现对会议能否圆满成功有着重要的影响。

主持人应衣着整洁、大方庄重、精神饱满，切忌不修边幅、邋里邋遢。

主持人走上主席台时，应步代稳健有力，行走的速度因会议的性质而定。

入席后，如果是站立主持，应双腿并拢，腰背挺直。持稿时，右手持稿的底中部，左手五指并拢自然下垂；双手持稿时，应与胸齐高。坐姿主持时，应身体挺直，双臂前伸，两手轻按于桌沿。主持过程中，切忌出现搔头、揉眼、抬腿等不雅动作。

主持人言谈应口齿清楚，思维敏捷，简明扼要。

主持人应根据会议的性质调节会议气氛，或庄重，或幽默，或沉稳，或活泼。

主持人对会场上的熟人不能打招呼，会议开始前可点头、微笑致意，切不可寒暄闲谈。

2. 宴席的座次安排

宴请客人时，一般主陪在面对房门的位置，副主陪在主陪的对面，1号客人在主陪的右手，2号客人在主陪的左手，3号客人在副主陪的右手，4号客人在副主陪的左手，其他可以随意。以上主陪的位置是指普通宴席，如果有特殊因素，应视情况而定。

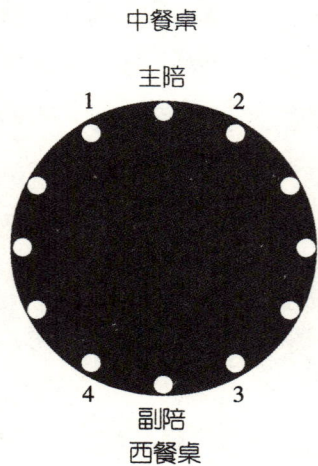

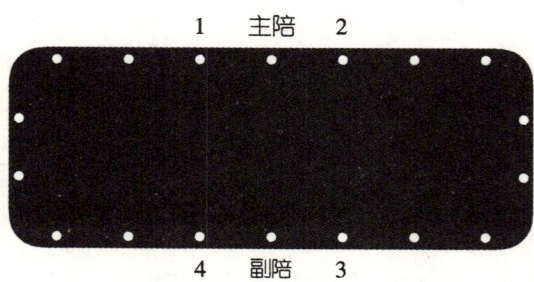

中餐桌

主陪

副陪

西餐桌

副陪

3. 仪式的座次安排

签字双方主人在左边，客人在主人的右边。双方其他人数一般对等，按主客左右排列。

客　方						
6	4	2	1	3	5	7

会谈桌

主　方						
7	5	3	1	2	4	6

客方随员席	主方随员席
客方签字人	主方签字人

签字桌
签字席
签字桌
签字各方所有人员席

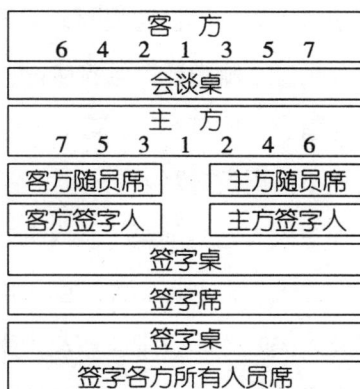

4. 乘车的座次安排

（1）轿车

双排座小轿车 1 号座位在司机的右后边，2 号座位在司机的正后边，3 号座位在司机的旁边（如果后排乘坐 3 人，则 3 号座位在后排的中间）。三排座小轿车的主座在司机后边的第一排，1 号座位在临窗的位置。

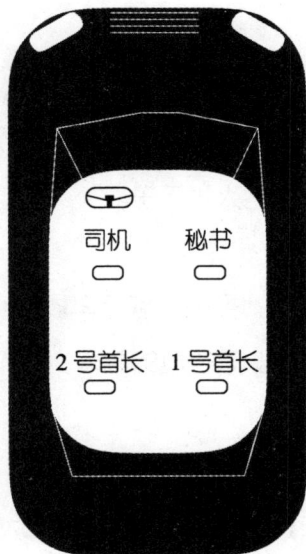

司机　　秘书

2 号首长　　1 号首长

三排九座小轿车的座位，如由司机驾驶时，以后排右侧为首位，左侧次之，中间座位再次之，前排右侧殿后，前排中间为末席。如果由主人亲自驾驶，以驾驶座右侧为首位，后排右侧次之，左侧再次之，而后排中间座为末席，前排中间座则不宜再安排客人。

主人夫妇驾车时，则主人夫妇坐前座，客人夫妇坐后座；男士要服务于自己的夫人，宜开车门让夫人先上车，然后自己再上车。

如果主人夫妇搭载友人夫妇的车，则应邀友人坐前座，友人之妇坐后座，或让友人夫妇都坐前座。

主人亲自驾车，坐客只有一人，应坐在主人旁边。若同坐多人，中途坐前座的客人下车后，在后面坐的客人应改坐前座。此项礼节最易疏忽。

女士登车不要一只脚先踏入车内，也不要爬进车里，要先站在座位边上，把身体降低，让臀部坐到位子上，再将双腿一起收进车里，双膝一定保持并拢的姿势。

（2）吉普车

吉普车无论是主人驾驶还是司机驾驶，都应以前排右坐为尊，后排右侧次之，后排左侧为末席。上车时，后排位低者先上车，前排尊者后上；下车时前排客人先下，后排客人再下车。

（3）旅行车

我们在接待团体客人时，多采用旅行车。旅行车以司机座后第一排，即前排为尊，后排依次次之。其座位的尊卑，依每排右侧往左侧递减。

三、迎接礼仪

礼尚往来、迎来送往，是社会交往、接待活动中最基本的形式和重要环节，是表达主人情谊、体现礼貌素养的重要方面。古人云："礼尚往来。

84

往而不来，非礼也；来而不往，亦非礼也。"尤其是迎接，是给客人留下良好第一印象的最重要工作。给对方留下良好的第一印象，就为下一步深入接触打下了基础。迎接客人要有周密的部署，应注意以下事项：

（1）对前来访问、洽谈业务、参加会议的外国、外地客人，应首先了解对方到达的车次、航班，安排与客人身份、职务相当的人员前去迎接。若因某种原因，相应身份的主人不能前往，前去迎接的主人应向客人作出礼貌的解释。

（2）主人到车站、机场去迎接客人，应提前到达，恭候客人的到来，绝不能迟到让客人久等。客人看到有人来迎接，内心必定感到非常高兴；若迎接来迟，必定给客人心里留下阴影，事后无论怎样解释，都无法消除这种失职和不守信誉的印象。

（3）接到客人后，应首先问候"一路辛苦了"、"欢迎您来到×××"等等。然后向对方作自我介绍，如果有名片，可送给对方。送名片的礼仪为：

◎当你与长者、尊者交换名片时，应双手递上，身体可微微前倾，说一句"请多关照"。你想得到对方的名片时，可以用请求的口吻说："如果您方便的话，能否留张名片给我？"

◎接名片的人在双手接过名片后，应仔细地看一遍，千万不要看也不看就放入口袋，也不要顺手往桌上扔。

（4）迎接客人应提前为客人准备好交通工具，不要等客人到了才匆匆忙忙准备交通工具，那会因为让客人久等而误事。

（5）主人应提前为客人准备好住处，帮客人办理好一切手续并将客人领进房间，同时向客人介绍住处的服务、设施，将活动的计划、日程安排交给客人，并把准备好的地图或旅游图、名胜古迹等介绍材料送给客人。

（6）将客人送到住地后，主人不要立即离去，应稍作停留，陪客人热情交谈，谈话内容要让客人感到满意，比如客人参与活动的背景材料、当地的风土人情、有特点的自然景观、特产、物价等。考虑到客人旅途劳累，主人不宜久留，让客人早些休息。分手时将下次联系的时间、地点、方式等告诉客人。

四、接待的方法

接待客人要认真、细心、周到。

（1）客人要找的负责人不在时，要明确告诉对方负责人到何处去了，以及何时回本单位；请客人留下电话、地址，明确是客人再次来单位还是我方负责人到对方单位去。

（2）客人到来时，我方负责人由于种种原因不能马上接见时，要向客人说明等待的理由与等待的时间。若客人愿意等，应该向客人提供饮料、杂志等。如果可能，应该时常为客人换饮料。

（3）接待人员带领客人到达目的地，应该有正确的引导方法和引导姿势。

◎在走廊的引导方法。接待人员在客人两三步之前，配合步调，让客人走在内侧。

◎在楼梯的引导方法。当引导客人上楼时，应该让客人走在前面，接待人员走在后面；若是下楼，应该由接待人员走在前面，客人走在后面；上下楼梯时，接待人员应该注意客人的安全。

◎在电梯的引导方法。引导客人乘坐电梯时，接待人员先进入电梯，等客人进入后关闭电梯门；到达时，接待人员应让客人先走出电梯。

◎客厅里的引导方法。当客人走入客厅时，接待人员应用手指示，请客人坐下。等客人坐下后，才能行点头礼离开。如客人错坐下座，应请客人改坐上座（一般靠近门的一方为下座）。

（4）诚心诚意地奉茶。我国人民习惯以茶水招待客人，在招待尊贵客人时，茶具要精致，倒茶有许多规矩，递茶也有许多讲究。

五、馈赠礼仪

在经济日益发达的今天，人与人之间的距离逐渐缩短，接触面越来越广，一些迎来送往及喜庆宴贺的活动越来越多，彼此送礼的机会也随之增加。如何挑选适宜的礼品，对每一个人来说都是费解的问题。懂得送礼技巧，不仅能达到大方得体的效果，还可增进彼此的感情。

★送礼注意事项

（1）选择的礼物，你自己要喜欢。

（2）为避免连续几年都选同样的礼物给同一个人，最好每年送礼时做一下记录。

（3）千万不要把以前收到的礼物转送出去，或丢掉它，不要以为人家不知道，送礼物给你的人会留意你有没有用他所送的物品。

（4）切勿直接问对方喜欢什么礼物。一来他想要的可能会超出你的预算；二来你即使照着他的意思去买，也可能会出现这样的情况："呀，我曾经见过更大一点的，大一点不是更好吗？"

（5）切忌送一些会刺激别人感受的东西。

（6）不要打算以你的礼物来改变别人的品位和习惯。

（7）必须考虑接受礼物人的职位、年龄、性别等。

（8）即使你比较富裕，送礼物给一般朋友也不宜太过，送一些有纪念意义的礼物较好。如你送给朋友孩子的礼物贵过孩子父母送他的礼物，

就会引起孩子父母的不快，同时也会令两份礼物失去意义。接受一份你知道你的朋友难以负担的精美礼品，你的内心会很过意不去。

（9）切记除去价格牌及商店的包装袋，无论礼物本身是否名贵，最好用包装纸包装，有时细微的地方更能显出送礼人的心意。

（10）考虑接受者在日常生活中能否用到你送的礼物。

★鲜花赠友

爱花是人类的天性。一束花、几片玲珑剔透的叶子，配上色彩调和的花器，让人眼前一亮，能把阴沉、烦闷、忧郁一扫而光，而带来了满眼的光辉和整室的生气，使人们在赏心悦目之余，陶醉在安静祥和之中。这时的一束花不仅会带给你心灵的舒适，更是精神的寄托。这就是插花的功效。在节日期间，送给对方一束花，对增进彼此的感情大有好处。什么节日、什么季节送什么样的插花，是很有讲究的。

圣诞节：在严寒的冬天，百花凋零，只有细长的圣诞红随风摇曳。因此，12 月份送花最好以菊花、玫瑰和圣诞红为主。

春节：这是合家团聚、一家老小互道新年快乐的好时节，以水仙花、天堂鸟、佛手、百合、松枝为主。

母亲节：这是感谢母亲恩情的节日，应用插花来表达孝心，可以康乃馨为主。

仲夏插花：夏天艳阳高照，炙热难当，我们需要的是清凉舒适。插花亦以莲花、康乃馨、玫瑰为主，花材不宜多，以有清淡感觉为佳。

秋季插花：秋天枫叶红满山，金风送爽，宁静飘逸，是诗人的季节。插花以百合、黄菊为主，具有秋天特有的风情。

冬季插花：冬天瑟瑟寒风，人们多愿意留在家中，不妨以红玫瑰、铁树叶等代表冬日之太阳，令人们心中充满暖意。

第四堂课

常用谈吐礼仪

交际是一门艺术，要讲究礼仪，不同的场合都要注意礼貌用语。古人云："人有礼则安，无礼则危。""恭而无礼则劳，慎而无礼则愚，勇而无礼则乱，直而无礼则绞。"如果一个人不知礼节，虽然态度恭敬，却不免劳顿；虽然行为谨慎，却不免胆怯；虽然性情勇敢，却不免莽撞；虽然性格直率，却不免急切。故礼不可不学。

一、交谈概说

从交谈礼仪的基本要求来看，交谈是表达思想及情感的重要工具，是

人际交往的主要手段。在人际关系中,"礼尚往来"有着十分突出的作用。可以说,在万紫千红、色彩斑斓的礼仪形式中,交谈礼仪占据主要地位。所以,强化语言方面的修养,学习、掌握并运用好交谈礼仪,是至关重要的。曾任美国哈佛大学校长的伊立特说过:"在造就一个有修养的人的教育中,有一种训练必不可少,那就是优美、高雅的谈吐。"交谈是交流思想和表达感情最直接、最快捷的途径。在人际交往中,因为不注意交谈的礼仪规范,或用错了一个词,或多说了一句话,或不注意词语的色彩,或选错话题等,从而导致交往失败或影响人际关系的事时有发生。因此,在交谈中必须遵从一定的礼仪规范,才能达到双方交流信息、沟通思想的目的。

交谈是人类口头表达活动中最常用的一种方式。随着人类社会的高度发展,交谈已成为政治、外交、科学、教育、商贸、公关等各个领域中重要的、不可缺少的一项语言活动。交谈是以两个人或几个人之间的谈话为基本形式,进行面对面的学习讨论、沟通信息、交流思想感情、谈心聊天的言语活动。它以对话为基本形态,包括交谈主体、交谈客体、交谈内容三个方面。这三个方面不仅具有固定性,而且具有互换性。

1. 交谈的作用

交谈是一门艺术,而且是一门古老的艺术。"一人之辩重于九鼎之宝,三寸之舌强于百万之师。"在人类发展史上,交谈作为一种社会现象,是与人类的劳动、生活、交际活动一起发展起来的。交谈的艺术性体现在尽管人人都会交谈,然而交谈的效果却大不一样。所谓"酒逢知己千杯少,话不投机半句多",就说明了交谈水平的高低直接决定交谈的效果。与人进行一次成功的谈话,不仅能获得知识和信息,而且感情上也会得到补偿,会感到一种莫大的享受;而参与一场枯燥无味、死气沉沉的交谈，除了时间上浪费之外，还会有一种备受折磨的感觉。

交谈是建立良好人际关系的重要途径，是连接人与人之间思想感情的桥梁，是增进友谊、加强团结的一种动力。"良言一句三冬暖，恶语伤人六月寒。"这说明交谈在交往中的作用是举足轻重的。一个人善于交谈就能广交朋友，给人带来友爱，使社会更加和谐，就能享受到社会特有的友情与温暖。在现实生活中，我们经常看到不少人因话不得体而伤害了亲友、得罪了同志，甚至有些人因言语失误而结怨结仇、操刀动斧，酿成生活悲剧。

交谈不仅是人们交流思想的重要手段，而且是学习知识、增长才干的重要途径。善于同有思想、有修养的人交谈，就能学到很多有用的知识。"听君一席话，胜读十年书"就是对交谈意义深刻的总结。英国文豪萧伯纳曾经说过："你我是朋友，各拿一个苹果，彼此交换，交换后仍各有一个苹果；倘若你有一种思想，我也有一种思想，而朋友相互交流思想，那么，我们每个人就有两种思想了。"可见，广泛地交谈可以交流信息、深化思想、增强认识能力，可以提高处理问题、解决问题的能力。因此，掌握交谈的礼仪要求、提高交谈的语言艺术，对于提高工作水平和工作效率也具有极其重要的作用。

2. 交谈的规范

真诚坦率的原则。真诚是做人的美德，也是交谈的原则。交谈双方态度要认真、诚恳。有了直率诚笃，才能有融洽的交谈环境，才能奠定交谈成功的基础。要认真对待交谈的主题，坦诚相见，直抒胸臆，不躲不藏，明明白白地表达各自的观点和看法。"发自肺腑的语言才能触动别人的心弦。"真心实意的交流是自信的结果，是信任人的表现，只有用自己的真情激起对方感情的共鸣，交谈才能取得满意的效果。

互相尊重的原则。交谈是双方思想、感情的交流，是双向活动。要获得满意的交谈效果，就必须顾及对方的心理需求。在交谈中，来自对方的尊重是任何人都希望得到的。交谈双方无论地位高低、年龄大小，或长辈晚辈，在人格上都是平等的，切不可盛气凌人、自以为是、唯我独尊。所以，谈话时要把对方作为平等的交流对象，在心理上、用词上、语调上，体现出对对方的尊重。尽量使用礼貌语，谈到自己时要谦虚，谈到对方时要尊重。恰当地运用敬语和自谦语，可以显示个人的修养、风度和礼貌，有助于交谈的成功。

3. 交谈的技巧

言之有物。交谈的双方都想通过交谈获得知识、拓宽视野、增长见识、提高水平，因此，交谈要有观点、有内容、有内涵、有思想，而空洞无物、废话连篇的交谈是不会受欢迎的。没有材料做根据，没有事实做依凭，再动听的语言也是苍白的、乏味的。我们在交谈时，要明确地把话说出来，将所要传递的信息准确地输送到对方的大脑里，正确反映客观事物，恰当地揭示客观事理，贴切地表达思想感情。

言之有序。言之有序就是根据讲话的主题和中心设计讲话的次序，安排讲话的层次，即交谈要有逻辑性、科学性。"使众理虽繁，而无倒置之乖；群言虽多，而无棼丝之乱。"（刘勰《文心雕龙》）有些人讲话，一段话没有中心，语言支离破碎，想到哪儿就说到哪儿，东一榔头西一棒槌，给人的感觉是杂乱无章、言不及义、不知所云。所以，在交谈时，先讲什么，后讲什么，思路要清晰，内容要有条理，布局要合理。

言之有礼。交谈时要讲究礼节、礼貌。知礼会为你的交谈创造一个和谐、愉快的环境。讲话者的态度要谦逊，语气要友好，内容要适宜，语言要文明；听话者要认真倾听，不要做其他事情。这样就会形成一个信任、亲切、友善的交谈氛围，为交谈获得成功奠定基础。

二、交谈的语言艺术

语言作为人类的主要交际工具，是沟通不同个体心理的桥梁。交谈的语言艺术包括以下几个方面：

1. 准确流畅

在交谈时，如果词不达意、前言不搭后语，很容易被人误解，达不到交际的目的。因此，在表达思想感情时，应做到口音标准、吐字清晰，说出的语句应符合规范，避免使用似是而非的语言。应去掉过多的口头语，以免语句割断；语句停顿要准确，思路要清晰；谈话要缓急有度，从而使交流活动畅通无阻。

语言准确流畅还表现在让人听懂上，因此交谈时应尽量不用书面语或专业术语，因为这样的谈吐让人感到太正规、受拘束或是理解困难。古时有一笑话，说的是有一个书生，突然被蝎子蜇了，便对其妻子喊道："贤妻，速燃银烛，你夫为虫所袭!"他的妻子没有听明白，书生更着急了："身如琵琶，尾似钢锥，叫声贤妻，打个亮来，看看是什么东西!"其妻仍然没有领会他的意思，书生疼痛难熬，不得不大声吼道："快点灯，我被蝎子蜇了!"真是自作自受。

2. 委婉表达

交谈是一种复杂的心理交往，人的微妙心理、自尊心往往在里面起重要的控制作用，一旦触及这些东西，就有可能使人不愉快。因此，对一些只可意会不可言传的事情、人们回避忌讳的事情、可能引起对方不愉快的事情，不能直接陈述，只能用委婉、含蓄、动听的话去说。常见的委婉说话方式有：

常用谈吐礼仪

（1）避免使用主观武断的词语，如只有、一定、唯一、就要等不带余地的词语，要尽量采用与人商量的口气。

（2）先肯定后否定，学会使用"是的……但是……"这个句式，把批评的话放在表扬之后，就显得委婉一些。

（3）间接地提醒他人的错误或拒绝他人。

3. 掌握分寸

谈话要有放有抑有收，不过头，不嘲弄，把握"度"；谈话时不要唱"独角戏"，夸夸其谈，忘乎所以，不让别人有说话的机会；说话要察言观色，注意对方的情绪，对方不爱听的话少讲，对方一时接受不了的话不急于讲。开玩笑要看对象、性格、心情、场合，一般来讲，不随便开女性、长辈、领导的玩笑，一般不与性格内向、多疑、敏感的人开玩笑，当对方情绪低落、心情不快时不开玩笑，在严肃的场合、用餐时不开玩笑。

4. 幽默风趣

幽默是一种语言风格，也是一种个性特征。列宁说，幽默是一种优美的、健康的品质，哪里有幽默，哪里就有活跃、乐观的气氛。从人格心理学来看，幽默接近人的气质，或者说是气质的外显。但幽默在某种程度上又与人的性格、智慧和才华有关。大凡性格豁达、才华横溢之人，必然有一种幽默气质。

毛泽东就有着特定的幽默气质，所有在毛泽东身边工作过和接近过毛泽东的人都感受到这一点，所有的毛泽东传记作者都注意到这一点。由于人的气质与个性是有差异的，不同的人的幽默也就有不同的个性特征。就拿第一代中央领导人毛泽东、周恩来、陈毅来说吧，根据纪实材料，周恩来与陈毅也比较幽默。周恩来的幽默中带有严谨，表现为较为含蓄的风趣，它引发的是轻松、融洽和会心的微笑与尊敬；陈毅的幽默中带有豪爽，也更有强度，引发的是开怀大笑，促成一种开放的、无拘无束的交际气氛。相比之下，毛泽东的幽默则更复杂、更富个性和更有人格魅力。

以案说礼
毛泽东的幽默与马克·吐温的机智

1947年，解放军转战陕北。一天夜里，毛泽东（当时化名李德胜）所在的昆仑纵队来到田次湾，十几名同志与毛泽东挤在一个窑洞里睡。房东大嫂不安地说："这窑洞太小了，地方太小了，对不起首长了。"毛泽东依着大嫂说话的节律和道："我们的队伍太多了，人马太多了，对不住大嫂了。"一句话说得大嫂和同志们哈哈大笑。热诚的幽默不仅使大嫂的不安烟消云散，而且加深了军民感情。这里丝毫没有作为领袖的个人优越感，有的只是对群众的爱、尊重与平等。

美国作家马克·吐温机智幽默，有一次他去某小城，临行前别人告诉他，那里的蚊子特别厉害。到了小城，当他在旅店登记房间时，一只蚊子正好在马克·吐温眼前盘旋，这使得旅馆职员不胜尴尬。马克·吐温却满不在乎地对职员说："贵地蚊子比传说中不知聪明多少倍，它竟会预先看好我的房间号码，以便晚上光顾，饱餐一顿。"大家听了不禁哈哈大笑。结果，这一夜马克·吐温睡得十分香甜。原来旅馆全体职员一齐出动，驱赶蚊子，不让这位博得众人喜爱的作家被"聪明的蚊子"叮咬。幽默不仅使马克·吐温拥有一群诚挚的朋友，而且也因此得到陌生人的"特别关照"。

日常生活中的交谈本身就是一个寻求和谐的过程，在这个过程中常常会出现观点不一致的情况，从而必然会产生一些争论。这就需要交谈双方发挥个人的机智，随机应变，抛开或消除彼此的障碍，那么幽默的语言就

常用谈吐礼仪

是化解尴尬局面或增强语言感染力的一门艺术。它建立在说话者高尚的情趣、较深的涵养、丰富的想象、乐观的心境、对自我智慧和能力自信的基础上，它不是要小聪明或"卖嘴皮子"，它应使语言表达既诙谐又入情入理，应体现一定的修养和素质。

例如，有一次，梁实秋的幼女文蔷自美国返回台湾探望父亲，他们邀请了几位亲友，到"鱼家庄"饭店欢宴。酒菜齐全，唯独白米饭久等不来。经一催二催之后，仍不见白米饭踪影。梁实秋无奈，待服务小姐入室上菜之际，戏问曰："怎么饭还不来，是不是稻子还没收割？"服务小姐眼都没眨一下，答称："还没插秧呢！"本来是一个不愉快的场面，经服务小姐这一妙答，举座大乐。

5. 语言文明

语言文明主要是要求领导干部在选择、使用语言时，要文明当先，以体现自身良好的文化修养。其具体要求有三：

（1）讲普通话

《中华人民共和国宪法》明文规定："国家推广全国通用的普通话。"领导干部在这一点上必须身体力行。应当强调的是，领导干部使用普通话进行交际，不但反映其较高的文明程度，而且有助于其对外交流。因此，除面对外国友人、少数民族人士或个别不懂普通话的人员之外，领导干部最好都讲普通话，尽量不讲方言、土语。

（2）用文雅词

在日常交谈中，领导干部要努力做到用词文雅。用词文雅并非要求领导干部在交谈时咬文嚼字，脱离群众，而是要求其自觉回避使用不雅之词。也就是说，不允许领导干部在日常交谈中，尤其是在公务交谈中动辄讲脏话、讲粗话，更不能讲黑话、讲黄话、讲怪话。

（3）检点语气

语气即人们讲话时的口气，它直接表现讲话者的心态，是语言的有机组成部分之一。与外人交谈时，特别是在面对人民群众之际，领导干部一定要检点自己的语气，要显得热情、亲切、和蔼、友善、耐心。在任何情况下，语气急躁、生硬、狂妄、嘲讽、轻慢，都是绝不允许的。

6. 语言礼貌

语言礼貌是领导干部所应具备的基本礼仪修养。具体而言，它要求领导干部在日常交谈中，主动使用约定俗成的礼貌用语，以示对交往对象的尊重、友好之意。一般而言，领导干部所使用的基本礼貌用语主要有如下五种：

问候语。它的代表性用语是"你好"。不论是接待来宾、路遇他人，还是接听电话，领导干部均应主动问候他人，否则便会显得傲慢无礼、目中无人。

请托语。它的代表性用语是"请"。要求他人帮助、托付他人代劳，或者恳求他人协助时，领导干部照例应当使用这一专用语。缺少了它，便会给人以命令之感，使人难以接受。

感谢语。它的代表性用语是"谢谢"。使用感谢语，意在向交往对象表达自己的感激之意。获得帮助、得到支持、赢得理解、感到善意，或者婉拒他人时，领导干部均应使用此语向交往对象主动致谢。

道歉语。它的代表性用语是"抱歉"或"对不起"。在工作中，由于某种原因而带给他人不便，或妨碍、打扰对方，以及未能充分满足对方的需求时，领导干部一般均应及时运用此语向交往对象表示自己由衷的歉意，以求得到对方的谅解。

道别语。它的代表性用语是"再见"。与他人告别时，主动运用此

常用谈吐礼仪

语，既是一种交际惯例，同时也是对交往对象尊重与惜别之意的一种常规性表示。

三、礼仪用语

初次见面应说：幸会

看望别人应说：拜访

等候别人应说：恭候

请人勿送应用：留步

对方来信应称：惠书

麻烦别人应说：打扰

请人帮忙应说：烦请

求给方便应说：借光

托人办事应说：拜托

请人指教应说：请教

他人指点应称：赐教

请人解答应用：请问

赞人见解应用：高见

归还原物应说：奉还

求人原谅应说：包涵

欢迎顾客应叫：光顾

老人年龄应叫：高寿

好久不见应说：久违

客人来到应用：光临

中途先走应说：失陪

与人分别应说：告辞

赠送作品应用：雅正

四、非礼态度

（1）经常向人诉苦，包括个人的经济、健康、工作情况，但对别人的问题却不关心、不感兴趣；

（2）唠唠叨叨，只谈论鸡毛蒜皮的小事，或不断重复一些肤浅的话题，以及一无所事的见解；

（3）态度过分严肃，不苟言笑；

（4）言语单调，喜怒不形于色，情绪呆滞；

（5）缺乏投入感，悄然独立；

（6）反应过于敏感，语气浮夸粗俗；

（7）自命清高，以自我为中心；

（8）过分热衷于取得别人的好感。

五、非礼表现

◎打断别人的话。

◎不注意自己说话的语气，经常以不悦而且对立的语气说话。

◎在应该保持沉默的时候总是乱说话。

◎以傲慢的态度提出问题，给人一种只有自己最重要的印象。

◎滥用人称代词，以至在每个句子中都有"我"这个字。

◎在谈话中插入一些和自己关系密切但却使别人感到不好意思的话题。

◎不请自来。

◎自吹自擂。

◎嘲笑社会上的穿着规范。

◎在不适当的时刻打电话。

◎在电话中谈一些别人不想听的无聊话。

◎对不熟悉的人写一封内容过分亲密的信。

◎不管自己是否了解，任意对任何事情发表意见。

◎公然质问他人意见的可靠性。

◎以傲慢的态度拒绝他人的要求。

◎在别人的朋友面前说一些瞧不起他的话。

◎指责和自己意见不同的人。

◎评论别人的无能力。

◎当着他人的面，指正部属和同事的错误。

◎请求别人帮忙被拒绝后心生怨恨。

◎利用友谊请求帮助。

◎措词不当或具有攻击性。

◎当场表示不喜欢。

◎总想不幸或痛苦的事情。

◎对政治或宗教发出抱怨。

◎表现出过于亲密的行为。

小贴士

交往中的"十不要"

◎不要到忙于事业的人家去串门，即便有事必须去，也应在办妥后及早告退；也不要失约或做不速之客。

◎不要为办事才给人送礼。礼品与关心、亲疏应成正比，但无论如何，礼品应讲究实惠，切不可送人"等外"、"处理"之类的东西。

◎不要故意引人注目、喧宾夺主，也不要畏畏缩缩、自卑自贱。

◎不要对别人的琐事过分好奇、追根问底，不要触犯别人的忌讳。

◎不要传播流言蜚语、拨弄是非。

◎不能要求旁人都合自己的脾气，须知你的脾气也并不合于每一个人，应学会宽容。

◎不要服饰不整、有异味，服饰也不宜过于华丽而惹得旁人不快。

◎不要毫不掩饰地咳嗽、吐痰和当众化妆。

◎不要长幼无序，礼节应有度。

◎不要不辞而别；离开时，应向主人告辞，表示谢意。

以案说礼

礼宾礼仪不是小事

我1963年大学毕业进入外交部，第一个工作岗位是驻英国代办处，在办公室管礼宾。先后领导过我的两位办公室主任对礼宾工作很在行，很有经验。一位是崔明堂，另一位是陆钦琰。他们言传身教，对我帮助很大。1966年夏我回国休假时，崔明堂主任还专门给时任礼宾司司长的韩叙同志写了一封信，请他安排我在礼宾司实习一段时间。

就外交工作来讲，礼宾是一个特定的概念，是一项专门的业务，它不是泛指的礼仪和礼貌，但重礼仪、讲礼貌、讲规矩是礼宾工作的基本要求。现在，对外开放是全方位的，同外国人经常打交道的非外交人员不计其数，学术的、商务的、文化的、旅游的，各行各业都有，但就国际礼仪而言，不熟悉的人恐不在少数。比如，初次出国应注意什么，如何去做一

常用谈吐礼仪

个受欢迎的客人；如何入乡随俗，懂得打招呼的学问；虽吃遍天下，但是否了解餐桌上的礼仪；是否知道国外的做客之道，客随主便；如何做到有"礼"有节，知晓与外国人打交道的规范；如何做到举止典雅、言谈得体；如何着装和美容，做到不俗气、不怪异，能给人以美感；如何把握外交、商务等不同场合的办事规矩；接待工作中如何让客人有宾至如归的感受等等。这些看起来似乎都是小事一桩，其实不然。如不去重视它，其后果绝不是简单的不拘小节、出"洋相"，造成的不良影响往往是难以弥补的，严重一点说，可能有失国格、人格，损害国家形象。

礼宾工作和礼仪规范是外事工作的一个重要组成部分，是开展对外交往必不可少的形式和手段。把礼宾看做无关紧要的事务性工作是不妥的。从事这一行的人都明白，礼宾工作具有很强的政治性和政策性，它能体现我们国家的对外政策和国别关系，是直接为贯彻外交政策服务的，同时也能体现我国人民的道德风尚和文明素养。

每个国家都有自己的礼宾规则、规范和风格，接待仪式、会见会谈、宴请招待、国书呈递、贺唁函电、外交礼遇和豁免、参观考察等等，都有礼宾方面的要求和特定的操作规范，不能随意改变，标新立异。有些做法虽无明文规定，但约定俗成，若无特殊考虑，仍以不变为好。有的国家礼宾工作严格而完备，有的则较为简单和灵活，但各国无一例外地都把礼宾工作看做民族精神和国家形象的展示，来宾不论职位高低都得照规矩行事。

新中国建立初期，周恩来总理亲自抓外交部的礼宾建设，培养了一大批礼宾专家。几十年来，我国形成了一套有自己特色的礼宾规则、规范和风格，在世界外交界有很好的口碑。在外交部的带动下，其他中央国家机关也根据自身工作的特点进行礼宾建设，积累了自己的经验，丰富了我国的礼宾实践。

我国的礼宾工作有自己的传统和特点，经常讲的有这样几个：尚礼好客、礼尚往来、实事求是、有的放矢、严谨细致。

尚礼好客，意思是对客人要热情友好、安排周到。人家既然是你的客人，你就应懂得待客之道。俗话说"礼多人不怪"，要让客人有宾至如归之感，高兴而来，满意而归。

礼尚往来，意思是你对我好，我也对你好，你对我以礼相待，我对你以礼回报。反之，你对我无礼，也不能怪我对你不敬，来而不往非礼也。

礼宾工作既是交流、交友的手段，也是交锋、斗争的工具。对某国某人的态度，从礼宾安排上就一目了然。是热情友好、高规格接待，还是不冷不热、掌握适度，这里面有政治和政策的考虑。度的把握主要依据国家关系，同时也要考虑客人本身的对华态度。我方接待人员不能凭个人好恶行事，该冷不冷、该热不热，工作就达不到目的，甚至可能产生不良后果。

实事求是，是说安排活动、面对面交谈时不弄虚作假，不讲假话，不讲大话，有一说一，有二说二，好的、差的都可以讲，都可以看，不遮丑，不护短。

1976 年唐山大地震后不久，我随一个友好代表团赴加拿大参加白求恩诞辰纪念活动。我们的团长在仪式上讲话说，当前中国的形势是莺歌燕舞，一派大好。人们很奇怪，周恩来逝世、唐山大地震等灾难相继发生的中国，还能莺歌燕舞吗？这是典型的讲假话、不实事求是，我们代表团自己人都感到尴尬。这也不能完全怪团长，稿子是国内准备的，那是"四人帮"下台前的"文革"时期，假话盛行，人们有时不得不说违心的话。当然，这样典型的、极端的讲假话的事例现在不会再出现，实事求是的优

常用谈吐礼仪

良传统在内事外事工作中都应一以贯之，大力弘扬。

有的放矢，是指礼宾安排和介绍情况要有针对性，讲求实效，不能以一套方案应对来自四面八方、需求各异的宾客。外宾关心什么、想听什么、想看什么，他肯定是有备而来的，我们接待时要搞清楚。

有些曾来过中国的人是故地重游，想看看新的变化，会会老朋友。有人则是初来乍到，出于好奇什么都想了解，但你不能因此就搞"填鸭式"宣传，而应有选择、有重点地安排节目。有的人是带着疑虑和问题来的，想找答案。有的来访者关心农业，有的关心教育，有的关心旅游开发，有的关心能源和环保，有的想多考察民族宗教事务，有的希望了解法制建设，有的关注中国的人权状况等等。有一些人来华的主要兴趣不是参观游览，而是与我方开展政治对话，就双边关系进行磋商或讨论国际和地区事务。我们搞接待，就应该事先摸清来访者的意图，有针对性地做好准备。安排什么人见，看什么地方，重点谈什么，都要从实际出发。通过友好协商与客人共同拟定一个比较满意的日程，既不强加于人，也不能一味迎合对方的兴趣。有些确实难以满足或明显不合理的要求，应礼貌地婉拒，解释清楚。

严谨细致，是指工作要一丝不苟，不能出技术性错误，更不能出政治性错误。礼宾工作讲究一个"细"字。工作程序、礼宾顺序、现场秩序都不能出问题。祝酒词要核对无误，请柬、菜单、演出节目单这类具体事项也不能出错，还有一条是守时。在国务院和全国人大工作期间，我曾多次带人为领导人出访打前站，对这一点感受极深：日程细到按分计算；会见会谈要做到保证重点；参观考察项目要做到有意义，而不是为看而看；安全警卫工作要做到万无一失，为访问顺利进行创造良好气氛等等。要做好这些工作，就是两个字：一是严，二是细。

涉外人员要做遵守外事礼仪的模范，彬彬有礼，不卑不亢。彬彬有礼，就是要态度坦诚，言谈文明，举止得体，仪表端庄；不卑不亢，就是既不卑屈、怯场，也不高傲、生硬、张扬，做到稳重自然，落落大方。

　　在对外交往中，要尊重对方的习俗、礼节，对外国宗教界人士更应注意他们习俗的细节，让对方感到我们有文明素养，这样有助于拉近彼此的距离，增进彼此的友谊和信任，有助于为相互交流和对话创造一种融洽的氛围。

　　不拘小节是礼宾礼仪的大忌。我们有一次在日内瓦开会，住在洲际饭店，当时有三个来自不同地区的中国团组同住此店。在大堂等候时，一个团有人大声喧哗、旁若无人，好像在争论什么；另一个团有一人在沙发上平躺着睡觉，还脱下了鞋，很不雅观。饭店管理人员不得不上前制止，影响很不好。

　　在外事场合，我们的言谈举止，甚至衣着，都不是简单的个人行为，它体现中华民族的素养，代表我们国家的形象。我们作为职业外事干部，更不可忽视这方面的要求，要努力做到既会做礼宾工作，又能身体力行，完美体现我们民族的道德风尚和文明素养，并以自己的行动影响别人。

　　资料来源　吕聪敏：《礼宾礼仪不是小事》，人民网，2009-04-02。

常用谈吐礼仪

会见礼仪

　　会见是商务谈判过程中一项重要的活动。身份高的人会见身份低的人，或是主人会见客人，一般称为接见或召见；身份低的人会见身份高的人，或是客人会见主人，一般称为拜见或拜会。接见与拜会在我国统称为会见。接见或拜见后的回访称为回拜。就其内容来说，会见分为礼节性、政治性和事务性三种，或者三种兼而有之。礼节性会见时间较短，话题比较广；政治性会见一般涉及双边关系等重大问题；事务性会见一般指外交交涉、业务商谈等。商务谈判中涉及的会见问题，属于业务商谈一类的事务性会见。在商务谈判过程中，东道主还应根据来访者的身份和访谈目的，安排有关部门负责人与之进行礼节性会见。

一、会见前的准备

如果一方要求拜会另一方，应提前将自己的姓名、职务以及要求会见什么人、为何会见通知对方。接到要求的一方应尽早予以答复，无故拖延、置之不理是不妥当的。因故不能会见的，应向对方作出解释。如果接到要求的一方同意对方的请求，可主动将会见的时间、地点、自己一方的参加人员通知对方。提出要求的一方亦应提供自己一方的出席人员名单。双方人员的人数和身份应大体相当。礼节性会见时间以半小时为宜。会见一般在会客室或办公室进行，我国习惯安排在会客室里。会见时座位的安排是：主人坐在左边，主宾坐在右边，译员和记录员坐在主人和主宾的后面。双方其他人员各自按一定的顺序坐在左右两侧，主方为左，客方为右。会客室里的座位要多准备一些，以免有人无座。主人应在会见开始之前到达，迎候客人。主人可以在宾馆或单位正门口迎候，也可以在会客室的门口迎候，还可以在会客室内等候，而由工作人员把客人引入会客室。工作人员引领客人时，应走在前边。到楼梯或拐角处时，要回头告诉客人一下。宾主双方进入会客室后，工作人员应关好门并退出现场。在会见过程中，不允许外人进进出出。

二、会见时的介绍

在一般的社交场合，与来宾见面时，通常有三种介绍方式：自我介绍、他人介绍和集体介绍。

会见礼仪

1. 介绍的礼节

（1）介绍的基本规则

为他人做介绍时，必须遵守"尊者优先了解情况"的规则。在为他人做介绍前，先要确定双方地位的尊卑，然后先介绍位卑者，后介绍位尊者。具体如下：

先将男士介绍给女士；

先将年轻者介绍给年长者；

先将未婚女子介绍给已婚女子；

先将职位低的介绍给职位高的；

先将家庭成员介绍给对方。

（2）集体介绍时的顺序

在被介绍者双方地位、身份大致相似，或者难以确定时，应当使人数较少的一方礼让人数较多的一方，一个人礼让多数人，先介绍人数较少的一方或个人，后介绍人数较多的一方或多数人。若被介绍者在地位、身份上存在明显差异，特别是当这些差异表现为年龄、性别、婚否、师生以及职务时，则地位、身份为尊的一方即使人数较少，甚至仅为一人，仍然应被置于尊贵的位置，最后加以介绍，而先介绍另一方的人员。

若需要介绍的一方人数不止一个，可采取笼统的方法进行介绍，如可以说"这是我的家人"、"他们都是我的同事"等等，但最好还是对其一一进行介绍。进行此种介绍时，可比照他人介绍时位次尊卑的顺序进行。

若被介绍双方皆不止一人，则可先介绍位卑的一方，后介绍位尊的一方。在介绍各方人员时，均需由尊到卑，依次进行。

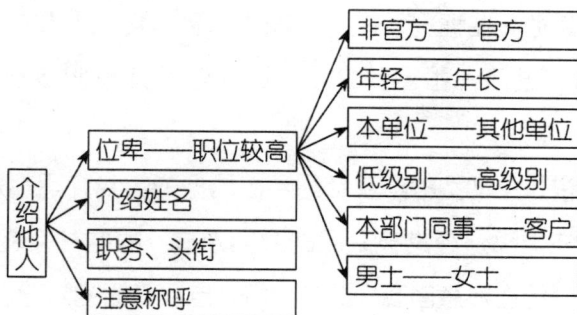

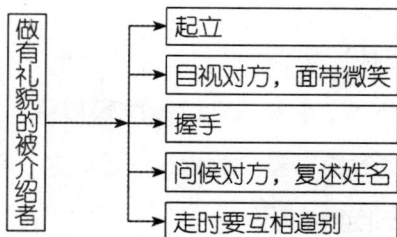

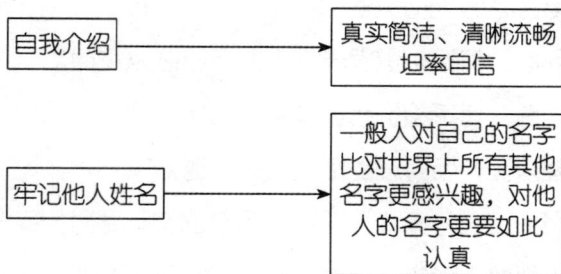

介绍他人
- 位卑——职位较高
  - 非官方——官方
  - 年轻——年长
  - 本单位——其他单位
  - 低级别——高级别
  - 本部门同事——客户
  - 男士——女士
- 介绍姓名
- 职务、头衔
- 注意称呼

做有礼貌的被介绍者
- 起立
- 目视对方，面带微笑
- 握手
- 问候对方，复述姓名
- 走时要互相道别

自我介绍 → 真实简洁、清晰流畅坦率自信

牢记他人姓名 → 一般人对自己的名字比对世界上所有其他名字更感兴趣，对他人的名字更要如此认真

2. 自我介绍

自我介绍意在向他人说明自己的自然情况。简言之，就是在必要的社交场合，由自己担任介绍的主角，自己将自己介绍给其他人，使对方认识自己。自我介绍适用于人数多、分散活动而无人代为介绍的时候，自我介绍时应先将自己的姓名、职务告诉来宾。

在社交活动中，如欲结识某个人或某些人而又无人引见，就可以自己充当自己的介绍人，自己将自己介绍给对方。这种自我介绍叫做主动型的

会见礼仪

自我介绍。在其他一些情况下，人们有时会应其他人的要求，将本人某些方面的具体情况进行一番自我介绍。这种自我介绍叫做被动型的自我介绍。

从总体上讲，主动型的自我介绍与被动型的自我介绍都是自我介绍，它们在人际交往中都是经常被采用的介绍方式。根据社交礼仪的具体规范，进行自我介绍应注意自我介绍的时机、自我介绍的内容、自我介绍的分寸诸方面的问题。

（1）自我介绍的时机

应当在何时进行自我介绍？这个问题比较复杂，它涉及时间、地点、当事人、旁观者、现场气氛等多个因素，一般认为，在下述时机，如有可能，有必要进行适当的自我介绍：

◎在社交场合，与不相识者相处时。

◎在社交场合，有不相识者表现出对自己感兴趣时。

◎在社交场合，有不相识者请求自己作自我介绍时。

◎在公共聚会上，与身边的陌生人共处时。

◎在公共聚会上，打算介入陌生人组成的交际圈时。

◎有求于人而对方对自己不甚了解，或一无所知时。

◎交往对象因为健忘而记不清自己，或担心这种情况出现时。

◎在出差、旅行途中，与他人不期而遇，并且有必要与之建立临时接触时。

◎初次前往他人居所、办公室，进行登门拜访时。

◎拜访熟人遇到不相识者挡驾，或是对方不在，需要请不相识者代为转告时。

◎初次利用大众传媒，如报纸、杂志、广播、电视、电影、标语、传单，向社会公众进行自我推介、自我宣传时。

◎利用社交媒介，如信函、电话、电报、传真、电子信函，与其他不相识者进行联络时。

◎前往陌生单位进行业务联系时。

◎因业务需要，在公共场合进行业务推广时。

以上种种，又可以归纳为三种情况：一是本人希望结识他人；二是他人希望结识本人；三是本人认为有必要令他人了解或认识本人。

（2）自我介绍的内容

鉴于需要进行自我介绍的时机有所不同，因而进行自我介绍时的表达方法也有所不同。自我介绍的内容指的是自我介绍时所表述的主体部分，即在自我介绍时表述的具体形式。

确定自我介绍的具体内容，应兼顾实际需要、所处场景，并应具有鲜明的针对性，切不可"千人一面"，一概而论。

依照自我介绍时表述的内容不同，自我介绍可以分为下述五种具体形式：

①应酬式。

应酬式的自我介绍，适用于某些公共场合和一般性的社交场合，如旅行途中、宴会厅里、舞场上、通电话时。它主要是针对一般接触的交往对象进行的。对介绍者而言，对方属于泛泛之交，或者早已熟悉，进行自我介绍不过是为了确认身份而已，故此种自我介绍的内容要少而精。

应酬式的自我介绍内容最为简洁，往往只包括姓名一项。例如，"您好！我的名字是万××"。

②工作式。

工作式的自我介绍，主要适用于工作之中。它以工作为自我介绍的中

心，因工作而交际，因工作而交友。有时也叫公务式的自我介绍。

工作式的自我介绍的内容，应当包括本人姓名、供职的单位及部门、担负的职务或从事的具体工作等三项。这三项叫做工作式的自我介绍内容的三要素，通常缺一不可。其中，第一项姓名，应当一口报出，不可有姓无名，或有名无姓。第二项供职的单位及部门，最好全部报出，具体工作部门有时也可以暂不报出。第三项担负的职务或从事的具体工作，有职务的最好报出职务，职务较低或者无职务的，则可报出目前所从事的具体工作。例如，"你好！我叫张××，是大连市政府外办的交际处处长"，"我名叫陈××，现在是大连理工大学管理学院的教授"。

③交流式。

交流式的自我介绍，主要适用于社交活动中。它是一种刻意寻求与交往对象进一步交流与沟通，希望对方认识自己、了解自己、与自己建立联系的自我介绍。有时它也叫社交式的自我介绍或沟通式的自我介绍。

交流式的自我介绍的内容大体应当包括介绍者的姓名、工作、籍贯、学历、兴趣以及与交往对象的某些熟人的关系等等。它们不一定非要面面俱到，而应依照具体情况而定。例如，"我叫许××，现在大连××中学工作"，"我是大连大学师范系国画专业毕业的，我想咱们是同行，对吗"。

④礼仪式。

礼仪式的自我介绍，适用于讲座、报告、演出、庆典、仪式等一些正规而隆重的场合。它是一种意在表示对交往对象友好、敬意的自我介绍。

礼仪式的自我介绍的内容亦包含姓名、单位、职务等项，但是还应多加入一些适宜的谦辞、敬语，以示自己礼待交往对象。例如，"各位来宾，大家好！我叫刘××，是××公司的总经理。现在，由我代表本公司热烈欢迎大家光临我们的开业仪式，谢谢大家的关心和支持"。

⑤问答式。

问答式的自我介绍，一般适用于应试、应聘和公务交往。在普通的交际应酬场合，它也时有所见。

问答式的自我介绍讲究问什么答什么，有问必答。下面举例说明：

某甲问："这位小姐，你好，不知道你应该怎么称呼？"

某乙答："先生你好！我叫刘××。"

用人单位问："请介绍一下你的基本情况。"

应聘者答："各位好！我叫张军，现年 28 岁，陕西本安人，汉族，共产党员，已婚，1995 年毕业于西安交通大学船舶工程系，获工学学士学位。现在北京首钢船务公司任助理工程师，已工作 3 年。其间，曾去阿根廷工作 1 年。本人除精通专业外，还掌握英语、日语，懂电脑，会驾驶汽车和船只。曾在国内正式刊物上发表过 6 篇论文，并拥有一项技术专利。"①

（3）自我介绍的分寸

进行自我介绍时，对下述几方面的问题必须予以重视，方能使自我介绍恰到好处，不失分寸。

◎注意时间

进行自我介绍时要注意时间，具有双重含义：其一，是要求进行自我介绍时一定要力求简洁、尽可能地节省时间。虽说各种形式的自我介绍所用的时间长度不可笼统地等量齐观，但总的原则还是所用时间愈短愈好，以半分钟左右为佳，如无特殊情况最好不要长于 1 分钟。

◎讲究态度

进行自我介绍，态度一定要自然、友善、亲切、随和。应显得落落大

会见礼仪

---

① 佚名：《接待工作中的自我介绍》，http：//www.yjbys.com/ResumeMaker/show-99705.html，2010-10-06。

方，笑容可掬；既不要小里小气、畏首畏尾，又不要虚张声势、轻浮夸张、矫揉造作。

进行自我介绍时，要充满信心和勇气，千万不要妄自菲薄、心怀怯意，致使临场发挥失常。进行自我介绍时，一定要敢于正视对方的双眼，显得胸有成竹、不慌不忙。这样做，将有助于进行自我放松，并使对方对自己产生好感。

◎力求真实

进行自我介绍时所表述的各项内容，一定要实事求是、真实可信。没有必要过分谦虚、一味贬低自己去讨好别人，但也不可自吹自擂、弄虚作假、夸大其辞，在自我介绍时大掺水分，否则定会得不偿失。

3. 他人介绍

为他人介绍是第三者为彼此不相识的双方引见的介绍方式。在一般情况下，为他人介绍都是双向的，即第三者对被介绍的双方都作一番介绍。在有些情况下，也可只将被介绍者中的一方向另一方介绍，前提是前者已知道、了解后者的身份，而后者不了解前者的身份。为他人作介绍的介绍者，通常是社交活动的东道主，家庭聚会的主人，公务交往中的礼仪专职人员，正式活动中地位、身份较高者。如熟悉被介绍的双方，又应一方或双方的要求，其他人也可充当介绍者。

为他人作介绍，要先了解双方是否有结识的愿望，做法要慎重自然，不要贸然行事。最好先征求一下双方的意见，以免为原来就相识者或关系不好者作介绍。介绍时，根据实际需要的不同，介绍内容也有所不同。一般只介绍双方的姓名、单位、职务，有时为了推荐一方给另一方，介绍时可以说明被推荐方与自己的关系，或强调其才能、成果，便于新结识的人相互了解与信任。介绍具体的人时，要用敬辞，如"张小姐，请允许我向您介绍一下，这位是查金小姐"。同时，应该礼貌地用手示意，而不要用手指去指点。

为他人作介绍，要注意顺序。应把男子介绍给女子，把年轻的介绍给年长的，把地位低的介绍给地位高的，把未婚的女子介绍给已婚的妇女，把儿童介绍给成人。

作为被介绍者，应当表现出结识对方的热情，目视对方，除女士和年长者外，被介绍时一般应起立，但在宴会桌上和会谈桌上只需微笑点头有所表示即可。①

4. 集体介绍

集体介绍是他人介绍的一种特殊形式，被介绍者一方或双方都不止一人，大体可分两种情况：一是为一人和多人作介绍；二是为多人和多人作介绍。

（1）集体介绍的时机

规模较大的社交聚会，有多方参加，各方均可能有多人。

大型的公务活动，参加者不止一方，而各方不止一人。

会见会谈，各方参加者不止一人。

举行会议，应邀前来的与会者往往不止一人等等。

（2）集体介绍的顺序

集体介绍的顺序，可参照他人介绍的顺序，也可酌情处理。值得注意的是，越是正式、大型的交际活动，越要注意介绍的顺序。

①"少数服从多数"。当被介绍者双方地位、身份大致相当时，应先介绍人数较少的一方。

① 佚名：《在人际交往中如何为他人介绍》，http：//www.4oa.com/office/754/976/2219/200512/107336.html，2005-12-10。

会见礼仪

②强调地位、身份。若被介绍者双方地位、身份存在差异，位尊者虽人数较少或只有一人，也应将其放在尊贵的位置，最后加以介绍。

③单向介绍。在演讲、报告、比赛、会议、会见时，往往只需要将主角介绍给广大参加者。

④一方人数多的介绍。若一方人数较多，可采取笼统的方式进行介绍。

⑤各方人数较多的介绍。若被介绍的不止两方，需要对被介绍的各方进行位次排列。排列的方法：以其负责人身份为准；以其单位规模为准；以单位名称的英文字母顺序为准；以抵达时间的先后顺序为准；以座次顺序为准；以距介绍者的远近为准。

（3）集体介绍的注意事项

集体介绍的注意事项与他人介绍的注意事项基本相似，除此之外，还应注意以下两点：

第一，不要使用易生歧义的简称，在首次介绍时要准确地使用全称。

第二，要认真、要正规。介绍时要庄重、亲切，切勿使用对方的绰号。

介绍的顺序各国不太一致，我国习惯上是年纪大的人在介绍中优先；而西方国家是妇女优先，只有对方是年纪很大的人时才例外；在公务场合一般是职位高者在先。介绍时，应先将来宾向我方人员介绍，随即将我方人员向对方介绍。如对方是我方人员都熟悉的人，就只需将我方人员介绍给对方。介绍我方人员时，要把姓名、职务说清楚，介绍到个人时应有礼貌地以手示意，不要用手指去指点，更不要用手拍打别人。介绍时，对外宾通常可称 "先生"、"女士"、"小姐"，对国内客人通常可称 "同志"、"先生"、"女士" 和 "小姐"。在商务谈判中，应该按照职位的高低进行介绍，将职位低的介绍给职位高的。

三、会见中的礼节

1. 名片礼仪

名片是一种交际沟通的手段，也是一个人身份的象征，当前已成为人们社交活动的重要工具。因此，名片的递送、接受、存放也要讲究社交礼仪。

名片的递送。在社交场合，名片是自我介绍的简便方式。交换名片的顺序一般是：先客后主，先低后高。当与多人交换名片时，应依照职位高低的顺序，或是由近及远的顺序，依次进行，切勿跳跃式地进行，以免对方误认为厚此薄彼。递送时应将名片正面朝向对方，用双手拇指和食指执名片两角，双手奉上。眼睛应注视对方，面带微笑，并大方地说："这是我的名片，请多多关照。"名片递送应在介绍之后，在尚未弄清对方身份时不应急于递送名片，更不要把名片视同传单随便散发。

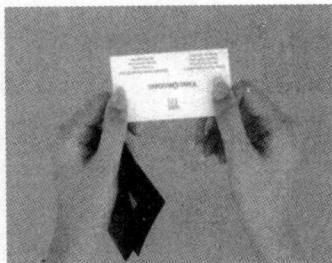

名片的接受。接受名片时应起身，面带微笑注视对方。接过名片时应说"谢谢"，随后有一个微笑阅读名片的过程。阅读时可将对方的姓名、职衔念出声来，并抬头看看对方的脸，使对方产生一种受重视的满足感。然后，回敬一张本人的名片，如身上未带名片，应向对方表示歉意。在对

方离去之前，或话题尚未结束时，不必急于将对方的名片收藏起来。

名片的存放。接过别人的名片切不可随意摆弄或扔在桌子上，也不要随便地塞在口袋里或丢在包里，应放在西服左胸的内衣袋或名片夹里，以示尊重。①

2. 西方名片使用礼仪

名片的用途十分广泛，最主要的是自我介绍，也可随赠送鲜花或礼物，以及发送介绍信、致谢信、邀请信、慰问信等使用。在名片上面还可以留下简短附言。

西方人在使用名片时，通常写有几个法文单词的首字母，它们分别代表如下不同含义：

P. P.（pourpresentation）：意即介绍。通常用来把一个朋友介绍给另一个朋友。当你收到一个朋友送来左下角写有"P. P."字样的名片和一个陌生人的名片时，便是他为你介绍了一个新朋友，应立即给新朋友送张名片或打个电话。

P. f.（pourfelicitation）：意即敬贺。用于节日或其他固定纪念日。

P. c.（pourcondoleance）：意即谨唁。在重要人物逝世时，表示慰问。

P. r.（pourremerciement）：意即谨谢。在收到礼物、祝贺信或受到款待后表示感谢。它是对收到"P. f."或"p. c."名片的回复。

P. P. c.（pourprendreconge）：意即辞行。在分手时用。

P. f. n. a.（pourfeliciterlenouvelan）：意即恭贺新禧。

N. b.（notabene）：意即请注意。提醒对方注意名片上的附言。

按照西方社交礼仪，递送名片时应注意，一个男子去访问一个家庭

---

① 佚名：《怎样正确使用名片》，http：//www. ora. com. cn/article/sort0838/sort0841/info-93437. html，2009-04-19。

时，若想送名片，应分别给男、女主人各一张，再给这个家庭中超过 18 岁的女性一张，但决不在同一个地方留下 3 张以上名片。一个女子去别人家作客，若想送名片，应给这个家庭中超过 18 岁的女性每人一张，但不应给男子名片。如果拜访人事先未约会，也不想受到会见，只想表示一下敬意，可以把名片递给任何来开门的人，请他转交主人。若主人亲自开门并邀请进去，也应稍坐片刻。名片应放在桌上，不可直接递到女主人手里。①

以案说礼

递名片与接名片

递交名片时，用双手将名片正面对着对方送上，切忌用左手递名片。若是外宾，最好将名片上印有英文的一面对着对方。如果同时向多人递送名片，可按由尊而卑或由近而远的顺序依次递送。接过名片时，应捧在面前，从头到尾认真地看一遍，最好能将对方的姓名、职务、职称轻声读出来，以示尊重。

3. 握手

握手最早发生在人类"刀耕火种"的年代。在狩猎和战争时，人们手上经常拿着石块或棍棒等武器。他们遇见陌生人时，如果大家都无恶意，就要放下手中的东西，并伸开手掌，让对方抚摸手掌心，表示手中没有藏武器。这种习惯逐渐演变成今天的"握手"礼节。

现代人在日常生活和工作中的握手是交际的一个部分，是在相识、相见、离别、恭贺，或致谢时相互表示情谊、致意的一种礼节，双方往往先

会见礼仪

---

① 佚名:《西方名片的使用礼仪》, http://www.govyi.com/gongwenxiezuo/c2/200508/20050818075200_12777.shtml, 2005-08-18。

打招呼，后握手致意。握手的力量、姿势和时间的长短往往能够表达对握手对象的不同礼遇和态度，显露自己的个性，给人留下不同的印象；也可以通过握手了解对方的个性，从而赢得交际的主动。美国著名盲聋女作家海伦·凯勒说：我接触的手有能拒人于千里之外的；也有些人的手充满阳光，你会感到很温暖……

（1）握手的要求

通常，与人初次见面、熟人久别重逢、告辞或送行都可以握手表示自己的善意，这也是最常见的握手。

有些特殊场合，比如向人表示祝贺、感谢或慰问时，双方交谈中出现了令人满意的共同点时，双方原先的矛盾出现了某种良好的转机或彻底和解时，人们也习惯以握手为礼。

握手时，距对方约一步远，上身稍向前倾，两足立正，伸出右手，四指并拢，虎口相交，拇指张开，向受礼者握手。

掌心向下握住对方的手，显示一个人有强烈的支配欲，无声地告诉别人他处于高人一等的地位。应尽量避免这种傲慢无礼的握手方式。相反，掌心向里握手显示一个人的谦卑与毕恭毕敬；如果伸出双手，更是谦恭备至了。平等而自然的握手姿态是，两手的手掌都处于垂直状态。这是一种最普通也最稳妥的握手方式。

戴着手套握手是失礼行为，女士可以例外。当然在严寒的室外也可以不脱手套。比如双方都戴着手套、帽子，这时一般应先说声"对不起"。握手时双方互相注视，微笑，问候，致意，不要看第三者或显得心不在焉。

除了关系亲近的人可以长久地把手握在一起外，一般握两三下就行了。不要太用力，但漫不经心地用手指尖"蜻蜓点水"式地去点一下也是无礼的。一般要将时间控制在三五秒钟以内。如果要表示自己的真诚和热烈，也可较长时间握手，并上下摇晃几下。

握手时两手一碰就分开，时间过短，好像在走过场，又像是对对方怀有戒意；而握手时间过久，特别是拉住异性或初次见面者的手长久不放，又显得有些虚情假意，甚至会被怀疑为"想占便宜"。

长辈和晚辈之间握手，长辈伸手后，晚辈才能伸手相握；上下级之间，上级伸手后，下级才能相握；男女之间，女方伸手后，男方才能伸手相握。当然，如果男方为长者，遵照前面说的方法。

如果需要和多人握手，握手时要讲究先后次序，由尊而卑，即先年长者后年幼者，先长辈再晚辈，先老师后学生，先女士后男士，先已婚者后未婚者，先上级后下级。

交际时如果人数较多，可以只跟相近的几个人握手，向其他人点头示意，或微微鞠躬就行。为了避免尴尬场面发生，在主动和人握手之前，应想一想自己是否受对方欢迎。如果已察觉对方没有握手的意思，点头致意就行了。

在公务场合，握手时伸手的先后次序主要取决于职位、身份；而在社交、休闲场合，主要取决于年龄、性别、婚否。

在接待来访者时，这一问题变得比较特殊。当客人抵达时，应由主人首先伸出手来与客人相握。而在客人告辞时，就应由客人首先伸出手来与主人相握。前者是表示"欢迎"，后者就表示"再见"。这一次序颠倒，很容易让人产生误解。

应当强调的是，上述握手时的先后次序不必处处苛求于人。如果自己是尊者或长者、上级，而位卑者、年轻者或下级抢先伸手，最得体的就是立即伸出自己的手，进行配合，而不要置之不理，使对方当场出丑。

当你握手时，不妨说一些问候的话，可以握紧对方的手，语气应直接而且肯定，并在加强重要字眼时紧握对方的手，来加强对方对你的好印象。

（2）握手的时机与场合

遇到较长时间没见面的熟人时；

在比较正式的场合和认识的人道别时；

在以本人作为东道主的社交场合，迎接或送别来访者时；

拜访他人后，在辞行的时候；

被介绍给不认识的人时；

在社交场合，偶然遇上亲朋故旧或上司的时候；

别人给予你一定的支持、鼓励或帮助时；

表示感谢、恭喜、祝贺时；

对别人表示理解、支持、肯定时；

得知别人患病、失恋、失业、降职或遭受其他挫折时；

向别人赠送礼品或颁发奖品时。

（3）握手的八禁忌（八不要）

我们在行握手礼时应努力做到合乎规范，避免出现下述禁忌：

不要用左手相握，尤其是和阿拉伯人、印度人打交道时要牢记这一点，因为在他们看来左手是不干净的。

在和基督教信徒交往时，要避免两人握手时与另外两人相握的手形成交叉状，这种形状在他们眼里是很不吉利的。

不要在握手时戴着手套或墨镜，只有女士在社交场合戴着薄纱手套握手才是被允许的。

不要在握手时把另外一只手插在衣袋里或拿着东西。

不要在握手时面无表情、不置一词或长篇大论、点头哈腰、过分客套。

不要在握手时仅握住对方的手指尖，好像有意与对方保持距离。正确的做法是握住整个手掌，即使对异性也应这样。

不要在握手时把对方的手拉过来、推过去，或者上下左右抖个没完。

不要拒绝握手，即使有手疾或汗湿、弄脏了，也要和对方说一下"对不起，我的手现在不方便"，以免造成不必要的误会。[①]

以案说礼

握 手

见面要握手问好，节日宴请要致节日祝贺。见面时握手要用右手，握手时要热情友好，面带微笑。握手一般不要时间过长，不要使劲摇。当自己是主人时，迎客要先伸手；当自己是客人时，要先等主人伸手，自己紧接着伸手相握。男女之间，如果对方是女士，应等对方先伸出手，握手一般要轻一点，时间短一点；与长者和领导相见时，一般是年长的先向年轻的伸手，职位高的先向职位低的伸手，晚辈和职位低的不应先伸手求握。离开时，要握手告别并致谢，不能不辞而别。握手时不能戴手套，不要侧目他视，那样显得很不尊重对方。

4. 鞠躬[②]

会见礼仪

① 佚名:《社交礼仪大全》，http://www.oabar.com/newscenter/new/article/2005080608014335.html，2005-08-06。
② 图片来源于 http://blog.sina.com.cn/chinalyzx。

123

鞠躬起源于中国。商代有一种祭天仪式曰"鞠祭",将祭品(猪、牛、羊等)整体弯蜷成圆的鞠形,放到祭处奉祭,以此来表达祭祀者的恭敬与虔诚。现在不少地方逢年过节,祭拜祖宗、天地时,总把整鸡、整鸭蜷成圆形,或把猪头、猪尾放在一起,表示其头尾相接。这就是由鞠祭演变而来的。人们在现实生活中,逐渐援引这种形式表示对地位崇高者、长辈等的崇敬,弯一弯腰,象征性地表示愿把自己作为鞠祭的一个牺牲品而奉献给对方。这种礼节在我国春秋时期就已出现,《论语·乡党》中说:"入公门,鞠躬如也。"这就是鞠躬的来历。

鞠躬适用于庄严肃穆、喜庆欢乐的仪式场合。

在日常生活中,学生对老师、晚辈对长辈、下级对上级、表演者对观众等都可行鞠躬礼。在授奖仪式上,领奖人向授奖者及全体与会者鞠躬行礼,以向领导和全体参会同志表达深深地感激之情。

一名演员在得到观众的掌声时常以鞠躬致谢;一名演讲者对听众给予自己演讲的支持与鼓励,也常用鞠躬来表示深深的敬意。

鞠躬礼的动作要领如下:

行鞠躬礼时要面对客人,双脚并拢,不要分得过开。头要正并且随着身体向下而自然向下,脖子也不要伸得过长。目光要自然面对受礼者,不要在行礼时趁机左顾右盼。视线由对方脸上落至自己的脚前1.5米处(15度礼)或脚前1米处(30度礼)。鞠躬时,双手合拢,自然放在身前并弯下身子。男性双手放在身体两侧,女性双手合起放在身体前面。戴帽子时,应脱帽行鞠躬礼。用右手握住帽檐中央,将帽取下,左手自然下垂。

鞠躬时必须伸直腰,脚跟靠拢,双脚尖处微微分开,目视对方,然后将伸直的腰背，由腰开始向前弯曲，弯腰速度要适中，之后抬头直腰，动作可慢慢做，这样令人感觉很舒服。

几种错误的鞠躬方式有：

只弯头的鞠躬。

不看对方的鞠躬。

头部左右晃动的鞠躬。

双腿没有并齐的鞠躬。

驼背式的鞠躬。

可以看到后背的鞠躬。

礼仪天下

日本鞠躬礼仪

鞠躬是日本的传统问候方式，现在已渐为握手所代替。在日本旅游，如果主人伸出手来就握手；如果主人鞠躬，最好回以鞠躬礼。鞠躬时两手垂放，身子弯到与腰平。如果日本人回家，一般是开门的先鞠躬，回来的人再回以鞠躬。这也不一定，日本有很明显的男女尊卑之分，一般是女人先向男人鞠躬。

在日本，鞠躬还分站式鞠躬和跪式鞠躬。

站式鞠躬："真礼"以站姿为预备，然后将相搭的两手渐渐分开，贴着两大腿下滑，手指尖触至膝盖上沿为止，同时上半身由腰部开始倾斜，头、背与腿呈近90度的弓形（切忌只低头不弯腰或只弯腰不低头），略作停顿，表示对对方真诚的敬意，然后，慢慢直起上身，表示对对方连绵不断的敬意，同时手沿腿上提，恢复原来的站姿。鞠躬要与呼吸相配合，弯腰下倾时吐气，身体直起时吸气。行礼时的速度要尽量

会见礼仪

与别人保持一致,以免尴尬。"行礼"要领与"真礼"同,仅双手至大腿中部即行,头、背与腿约呈120度的弓形。"草礼"只需将身体向前稍作倾斜,两手搭在大腿根部即可,头、背与腿约呈150度的弓形,余同"真礼"。

若主人是站立式,而客人是坐在椅(凳)上的,则客人用坐式答礼。"真礼"以坐姿为准备,行礼时,将两手沿大腿前移至膝盖,腰部顺势前倾,低头,但头、颈与背部呈平弧形,稍作停顿,慢慢将上身直起,恢复坐姿。"行礼"时将两手沿大腿移至中部,余同"真礼"。"草礼"只将两手搭在大腿根,略欠身即可。

跪式鞠躬:"真礼"以跪坐姿预备,背、颈部保持平直,上半身向前倾斜,同时双手从膝上渐渐滑下,全手掌着地,两手指尖斜相对,身体倾至胸部与膝间只剩一个拳头的空当(切忌只低头不弯腰或只弯腰不低头),身体呈45度前倾,稍作停顿,慢慢直起上身。同样,行礼时动作要与呼吸相配合,弯腰时吐气,直身时吸气,速度与他人保持一致。"行礼"方法与"真礼"相似,但两手仅前半掌着地(第二手指关节以上着地即可),身体约呈55度前倾。行"草礼"时仅两手手指着地,身体约呈65度前倾。

资料来源 佚名:《日本鞠躬礼仪》,http://www.welcome.org.cn/yazhouliyi/2009-12-15/jugong_0.html,2009-12-15。

5. 亲吻

有关接吻来历流传最广的说法是,古罗马时严禁妇女喝酒,男子外出归来,常常要检查一下妻子是否饮酒,便凑到她的嘴边闻一闻、嗅一嗅。这样沿袭下来,夫妇把嘴凑到一起的举动逐渐成为夫妇见面时的第一道礼节。后来,这种礼节逐渐普及,范围逐渐扩大,终于演化成今天的接吻礼。

吻手礼：男子同上层社会贵族妇女相见时，如果女方先伸出手作下垂式，男方则可将其指尖轻轻提起吻之；如果女方不伸手表示，则不吻。如女方地位较高，男士要屈一膝作半跪式，再提手吻之。此礼在英法两国最流行。

接吻礼：多见于西方、东欧、阿拉伯国家，是亲人以及亲密的朋友间表示亲昵、慰问、爱抚的一种礼节，通常在受礼者脸上或额上吻一下。接吻方式为：父母与子女之间的亲脸，亲额头；兄弟姐妹、平辈亲友贴面颊；亲人、熟人之间是拥抱、亲脸、贴面颊。在公共场合，关系亲近的妇女之间是亲脸，男女之间是贴面颊，长辈对晚辈一般是亲额头，只有情人或夫妻之间才吻嘴。

吻的位置表达的意义如下：

额头——包容，宠溺

眼睛——珍视，放在心底

脸颊——朋友

嘴唇——爱你

脖子——爱你一万年永不变

亲吻礼的注意事项有：一般而言，长辈与晚辈之间，宜吻脸颊和额头；平辈之间，宜轻贴面；关系亲密的女子之间可吻脸；异性之间，宜贴面；男士对女士表示敬意可吻手。行亲吻礼时，动作要轻快，勿过重、过长或出声；要注意口腔清洁无异味，不要把睡沫弄在对方脸上、额上或手背上；如果不是特殊关系和特殊场合，年轻、地位低者不要急于抢先施亲吻礼。

6. 合十礼

泰国人会见客人行"合十礼"

资料来源　新浪娱乐，www. yn. xinhuanet. com/ent/2009-05...9718. htm，2009-05-10。

　　合十礼又称"合掌礼"，原是印度古代的一种礼节，后为各国佛教徒沿用，成为日常普通礼节。行礼时，两掌合于胸前，十指并拢，以示虔敬。

　　合十礼最初仅为佛教徒之间的拜礼，后发展成全民性的见面礼。在泰国，行合十礼时，一般是两掌相合，十指伸直，举至胸前，身子略下躬，头微微下低，口念"萨瓦蒂"。"萨瓦蒂"系梵语，原意为如意。遇到不同身份的人，行此礼的姿势也有所不同。例如，晚辈遇见长辈行礼时，要双手高举至前额，两掌相合后需举至脸部，两拇指靠近鼻尖。男行礼人的头要微低，女行礼人除了头微低外，还需要右脚向前跨一步，身体略躬。长辈还礼时，只需双手合十放在胸前即可。拜见国王或王室重要成员时，男女还均须跪下。国王或王室重要成员还礼时，只点头即可。无论地位多高的人，遇见僧人时都要向僧人行礼，而僧人则不必还礼。合十礼可分为下列几大类：

跪合十：各国佛教徒拜佛祖或高僧时行的一种礼节。

蹲合十：某些国家的人在拜见父母或师长时行的一种礼节。

站合十：某些国家的平民之间、平级官员之间相拜，或公务人员拜见长官时常用的一种礼节。

合十礼的注意事项有：

跪合十礼适用于佛教徒拜佛祖或僧侣的场合，行礼时右腿跪地，双手合掌于两眉中间，头部微俯，以表恭敬虔诚。

蹲合十礼是盛行佛教国家的人拜见父母或师长时所用的礼节，行礼时身体下蹲，将合十的掌尖举至两眉间，以示尊敬。

站合十礼是信奉佛教的国家平民之间、平级官员之间相见，或公务人员拜见长官时所用的礼节，行礼时端正站立，将合十的掌尖置于胸部或口部，以示敬意。行合十礼时，可以问候对方或口颂祝词。

因佛教中不兴握手，所以在我国，一般非佛教徒对僧人施礼也以行站合十礼为宜。

四、会见礼节的提醒

第一，商务谈判中的礼节性会见，因其性质决定，时间不应太长，所以会见的双方应掌握分寸，言简意赅，多谈些轻松愉快的话题，多说一些相互问候的话，避免单方面冗长的叙述，更不可有意挑起争论。在会见中，如果人员较多，亦可使用扩音器。

第二，在交谈过程中要尊重谈话人，他人在交谈时，其他人员应认真倾听，不可交头接耳，或翻看无关的材料。

第三，不允许打断他人的发言，或使用人身攻击的语言。

第四，会见时可以预备茶水招待客人，夏季还可以准备饮料。

第五，会见结束时，主人应将客人送至门口或车前，握手话别。目送客人乘坐的车子远走之后，主人方可退回室内。

膳宿礼仪

　　随着科学技术和交通工具的日新月异，人们的交往日益频繁，空间的限制已逐渐成为过去，宾馆渐渐扮演越来越重要的角色。办公会友，出门在外，人在旅途，用餐娱乐，乃至出差出国，宾馆势必成为人们的下榻之处。宾馆又叫饭店、酒店，它是指规模较大、设备较好、档次较高的旅馆。符合标准的旅馆令人宾至如归，符合礼仪的安排给人舒心的感觉。

　　在正常的公务活动中，很多时候都必须考虑住宿问题。使来宾满意，则是安排住宿最大的目的。安排住宿应遵循三条原则，即以舒适、档次的高低和方便为原则。

一、膳宿安排

1. 把舒适摆在第一位

随着经济的发展，国内的宾馆服务水平实现了空前的飞跃，但也参差不齐，有些宾馆饭店，由于服务水平或管理机制不够标准，常常使旅客感到十分不便。"舒适"的标准就是让客人感觉入住以后不会缺这缺那，不会受到过多的限制，也不会因为住宿影响正常的计划。

在实际操作中，我们只能通过选择旅馆来解决这些问题。当然，有些宾客的住宿是受到身份限制的，如外宾一般只能安排在涉外宾馆，受保护的贵宾一般要安排在保卫比较严格的宾馆，这些因素属于第一位考虑的选择条件。

2. 选择宾馆的档次

132

这也是由宾客的身份决定的，但同样要考虑承担对象和财政负担。如果是宾客自己担负住宿费，应事先询问宾客的态度，在询问前要掌握大概的价格并告知对方，在介绍价格和宾馆时要注意方法，避免让对方骑虎难下。既要考虑对方的面子，又要让对方知道适合自己的价位和宾馆的情况。安排住宿绝不是越贵就越让对方满意，但要指出的是过于简陋也不是待客之道。

如果对对方比较熟悉，要注意对方的生活习惯和一些忌讳。如有些南方的宾客喜欢晚上逛一逛闹市，如果安排了一家地处偏僻的宾馆或是关门很早的宾馆就很不合适；有些宾客对某家宾馆抱有一些看法，或是在某家宾馆发生过不愉快的事情，通常不愿再度入住；有些宾馆由于近期发生了一些轰动社会的负面事件，也不宜安排宾客入住；有些宾馆由于取名谐音不太中听，也可以在事先的询问中得知对方的态度并注意。

有这样一个例子：中国某代表团访问美国纽约，安排住在皇后区（该区的治安很不好）一家四星级宾馆，结果在办理入住手续的时候，在前厅里被一群流氓把行李箱偷走了。报案以后，在察看监视器时，前厅的录像竟是一片空白。

如果预订房间，也要注意房间号的安排，不管是谁，都不会喜欢住在174（一起死）、154（要我死）之类的房间。在预订房间或安排房间时，应该尽力避免这样的情况出现。

3. 方便

应保证宾馆不是地处穷乡僻壤，而是否要处于闹市则可询问对方的态度。另外，也要保证宾客入住以后在宾馆内的活动很方便。首先应该保证宾客有独立的房间，绝不要与陌生人共用房间。其次要保证房间和楼层不受电梯、用水（在北方地区或高山地区尤为注意）、用餐方便与否的限制。在宾客入住以后，应向宾客说明就餐的安排、路线和具体情况。

如果安排对方入住本系统的宾馆，应事先征求对方的同意，避免造成不便。对于住宿费如何支付，应在活动之前明文告知对方。对于在住宿中出现的情况，应视严重程度分别处理。依宾客的意见，或是适当调整，或是改住其他宾馆。

对于饮食的安排也要考虑在安排入住宾馆的条件中，有些宾馆本身就极具特色，对于相同偏好的宾客肯定具有亲和力，如北京原来很有名的"广州会馆"、"湖南会馆"，如今在大城市里也有以办事处的形式存在的宾馆。需要避免的是两种偏好完全不同的宾客构成的访问团不要安排在完全满足一方的宾馆中，如黑龙江代表团与四川代表团不应该安排同住在四川某办事处，否则会使黑龙江代表团的成员很不舒适，这种本身就具有的不便会在比较中更加明显。如果在饮食安排上实在无法平衡，应安排或告

膳宿礼仪

知解决膳食的方法和处所。

另外，公务人员也应适当了解入住宾馆的礼仪，这会对工作的开展有较大的帮助。从广义上讲，宾馆属于公共场所，因为它拥有广大的公众活动的空间。从狭义上讲，宾馆也可以算做私人居所，因为每间客房仅供其住宿者专用，他人概莫能入。宾馆礼仪实际上就是对客人在宾馆之内这两种不同的活动空间的具体要求和行为规范。公务人员无论因公还是因私住宾馆时，应时刻提醒自己严格遵守各项礼规，维护国家行政机关工作人员的形象。

各家宾馆为了严格管理，都制定了自己的规章制度。宾客入住宾馆以后，一定要先了解这些事关个人利益的规章制度，并且认真、自觉地加以遵守。比如，在宾馆客房内聚赌、嫖娼，都是被严禁的。

在客房内，大都备有客人须知、业务介绍等各种资料。宾客入住以后，一定要详细阅读，以便全面地了解宾馆为客人所提供的各项业务，并酌情使用。不懂这一条，往往会使自己在宾馆里疑难丛生，"举步维艰"。

进入客房后，一般应立即关闭房门。休息时，还须拴上安全栓或保险链。若希望自己安安静静地休息一会，不想被宾馆的工作人员所打扰，可在门外把手上悬挂专用的"请勿打扰"告示牌，或者开启"请勿打扰"指示灯。离开房间时，则应取下此牌或关闭此灯。必要时，还可在门外把手上悬挂"请打扫房间"的告示牌，或开启"请打扫房间"的指示灯，以便客房服务员进行工作。

宾馆内通常都设有专供客人使用的餐厅。在大一些的宾馆里，餐厅通常还不止一个。除餐厅之外，咖啡屋、酒吧也可以向客人提供餐饮。酒吧的座位往往不太讲究，与其他人可以同坐一桌，但就座前要征得对方同意。在餐厅、酒吧内饮酒，应注意控制酒量，不要酗酒，更不能在那里大

134

发酒疯；不要饮酒时与人猜拳行令、大声喧哗、有意招摇，更不能借此机会聚众赌博。

二、宴请礼仪

1. 宴请的形式

国际上通用的宴请形式有四种：宴会、招待会、茶会、工作进餐。每种形式均有特定的规格和要求。

（1）宴会

宴会是指比较正式、隆重的设宴招待，是宾主在一起饮酒、吃饭的聚会。宴会是正餐，出席者按主人安排的席位入座进餐，由服务员按专门设计的菜单依次上菜。按其规格，又有国宴、正式宴会、便宴、家宴之分。

国宴，特指国家元首或政府首脑为国家庆典或为外国元首、政府首脑来访而举行的正式宴会，是宴会中规格最高的。按规定，举行国宴的宴会厅内应悬挂两国国旗，安排乐队演奏两国国歌及席间乐，席间主宾双方相互致词、祝酒。

正式宴会，这种形式的宴会除不挂国旗、不奏国歌及出席规格有差异外，其余的安排大体与国宴相同。有时也安排乐队奏席间乐，宾主均按身份排位就座。许多国家的正式宴会都十分讲究排场，对餐具、酒水、菜肴的道数及上菜程序均有严格规定。

便宴，这是一种非正式宴会，常见的有午宴、晚宴，也可以有早宴。其最大特点是简便、灵活，可不排席位，不作正式讲话，菜肴也可丰可俭。有时还可以采用自助餐形式，自由取餐，可以自由行动，更显亲切随和。

家宴，即在家中设便宴招待客人。西方人士喜欢采取这种形式待客，

135

膳宿礼仪

以示亲切，且常用自助餐方式。西方家宴的菜肴往往远不及中国餐之丰盛，但由于通常由主妇亲自掌勺，家人共同招待，因而它不失亲切、友好的气氛。

（2）招待会

招待会是指不备正餐的宴请形式，一般备有食品和酒水饮料，不排固定席位，宾主活动不拘形式。比较常见的有：

冷餐会，此种宴请形式的特点是不排席位，菜肴以冷食为主，也可冷、热兼备，连同餐具一起陈设在餐桌上，供客人自取。客人可多次进食，站立进餐，自由活动，边谈边用。冷餐会的地点可在室内，也可在室外的花园里。对年老、体弱者，要准备桌椅，并由服务人员招待。这种形式适合招待人数众多的宾客。我国举行大型冷餐招待会，往往用大圆桌，设座椅，主桌安排座位，其余各席并不固定座位。食品和饮料均事先放置在桌上，招待会开始后，客人自行进餐。

酒会，又称鸡尾酒会，较为活泼，便于广泛交谈接触。以酒水为主，略备小吃，不设座椅，仅置小桌或茶椅，以便客人随意走动。酒会举行的时间亦较灵活，中午、下午、晚上均可。请柬上一般注明酒会的起止时间，客人可在此期间的任何时候入席、退席，来去自由，不受约束。鸡尾酒是用多种酒配成的混合饮料，酒会上不一定都用鸡尾酒。鸡尾酒会通常准备多种酒品、果料，但不用或少用烈性酒。饮料和食品由服务员托盘端送，亦有部分放置在桌上。近年来国际上举办大型活动广泛采用酒会形式招待。自1980年起我国的国庆招待会也采用酒会这种形式。

（3）茶会

茶会是一种更为简便的招待形式，它一般在西方人早、午茶时间（上午十时、下午四时左右）举行，地点常设在客厅，厅内设茶几、座椅，不排席位。如为贵宾举行的茶会，入座时应有意识地安排主宾与主人坐在一起，其他出席者随意就座。

茶会，顾名思义就是请客人品茶，故对茶叶、茶具及递茶均有规定和讲究，以体现该国的茶文化。茶具一般用陶瓷器皿，不用玻璃杯，也不用热水瓶代替茶壶。外国人一般用红茶，略备点心、小吃，亦有不用茶而用咖啡者，其组织安排与茶会相同。

（4）工作进餐

这是又一种非正式宴请形式。按用餐时间，可分为工作早餐、工作午餐、工作晚餐，主客双方可利用进餐时间，边吃边谈事情。我国目前在外事工作中也广泛使用这种形式。其用餐多以快餐分食的形式，既简便、快速，又比较卫生。此类活动一般不请配偶，因它多与工作有关。双边工作进餐往往以长桌安排席位，其座位与会谈桌座位排列相仿，便于主宾双方交谈、磋商。

2. 宴会的基本礼仪

（1）座次安排

正式宴会一般都事先安排座次，以便参加宴会者入席时井然有序，同时也是对客人的一种礼貌；非正式宴会不必提前安排座次，但通常就座也有上下之分。安排座位时应考虑以下几点：一是以主人的位置为中心。如有女主人参加，则以主人和女主人为中心，以靠近主人者为上，依次排列。二是要把主宾和夫人安排在最主要的位置。通常以右为上，即主人的右手是最主要的位置。离门最远的、面对着门的位置是上座；离门最近的、背对着门的位置是下座。上座的右边是第二号位，左边是第三号位，依次类推。三是在遵从礼宾次序的前提下，尽可能使相邻者便于交谈。四是主人方面的陪客应尽可能插在客人之间，以便与客人交谈，避免自己人

坐在一起。

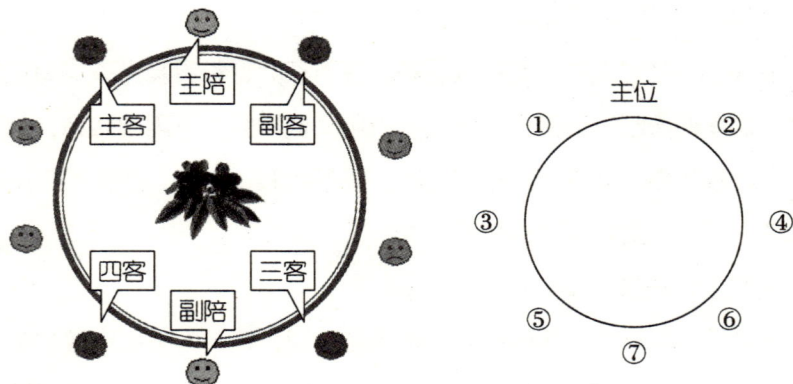

（2）宾主礼仪

①主人的礼仪。

应该说，宴会的成功有赖于主人的热情好客、慷慨招待和细致周到的组织安排。从礼节上讲，主人的职责是使每一位来宾都感到主人对自己的欢迎之意。举办宴会，无论是中餐还是西餐，无论是出于什么原因和目的，主人都应提前向客人发出口头或书面邀请，并依照客人的习惯、特点安排好请客时间、地点等事宜。礼仪性宴请的礼节更隆重讲究。在宴会开始前，主人应该站立在门前笑迎宾客，晚辈在前，长辈居后。对每一位来宾要依次招呼，待客人大部分到齐之后，再回到宴会场所，分头跟客人招呼、应酬（家庭便宴比较随便，主人不一定在门口迎客，可在客人到达时趋前握手招呼）。主人对宾客必须热诚恳切，一视同仁，不可只应酬一两个客人而忽略了别的客人。入席前，烟、茶不可全部假手他人或由服务员代劳递送，主人应尽可能地亲自递烟倒茶。上菜后，主人要先向客人敬酒，说一些感谢光临的客气话。此后每一道菜上来，都要先举杯邀饮，然后请客人"起筷"。要照顾客人的用餐方便，及时调换菜点或转动餐台。

遇到有特殊口味的客人，要及时调换菜点。席散后，主人要到门口恭送客人离去。对那些在宴请中照顾不多的客人，应说几句抱歉和感谢之类的话。对走在后面的客人，可略为寒暄几句。

②做客礼仪。

作为应邀参加宴会的客人，按时赴约、举止得当、讲究礼节是对主人的尊重。此外，还应注意以下几个问题：

★服饰。客人赴宴前应根据宴会的目的、规格、对象、风俗习惯或主人的要求考虑自己的着装，着装不得体会影响宾主的情绪，影响宴会的气氛。

★点菜。如果主人安排好了菜，客人就不要再点菜了。如果你参加一个尚未安排好菜的宴会，就要注意点菜的礼节。点菜时，不要选择太贵的菜，也不宜点太便宜的菜。太便宜了，主人反而不高兴，认为你看不起他。如果最便宜的菜恰是你真心喜欢的菜，那就要想点办法，尽量说得委婉一些。

★进餐。进餐时举止要文明礼貌，"不马食，不牛饮，不虎咽，不鲸吞；嚼食物，不出声；嘴唇边，不留痕；骨与秽，莫乱扔"。面对一桌子美味佳肴，不要急于动筷子，须等主人动筷说"请"之后你才能动筷。主人举杯示意开始，客人才能用餐。如果酒量能够承受，对主人敬的第一杯酒应喝干。同席的客人可以相互劝酒，但不可以任何方式强迫对方喝酒，否则就是失礼。自己不愿或不能喝酒时，可以谢绝。夹菜时，应注意：一是使用公筷；二是夹菜适量，不要取得过多，吃不了剩下不好；三是在自己跟前取菜，不要伸长胳膊去够远处的菜；四是不能用筷子随意翻动盘中的菜；五是遇到自己不喜欢吃的菜，可少夹一点，放在盘中，不要吃掉，当这道菜再传到你面前时，你就可以借口盘中的菜还没有吃完，而

不再夹这道菜；最后你应将盘中的菜全部吃净。进食时尽可能不咳嗽、不打喷嚏、不打呵欠、不擤鼻涕，万一不能抑制，要用手帕、餐巾纸遮挡口鼻，转身，脸侧向一方，低头尽量压低声音。

★参加宴会最好不要中途离去。在万不得已必须离开时，应向同桌的人说"对不起"，同时还要郑重地向主人道歉，说明原委。吃完之后，应该等大家都放下筷子，主人示意可以散席，才能离座。宴会完毕，你可以依次走到主人面前，握手并说"谢谢"，向主人告辞，但不要拉着主人的手不停地说话，以免妨碍主人送其他客人。

（3）其他礼仪

①筷子的用法。筷子虽然用起来简单、方便，但也有很多规矩。比如，不能举着筷子和别人说话，说话时要把筷子放到筷架上，或将筷子并齐放在饭碗旁边。不能用筷子去推饭碗、菜碟，不要用筷子去叉馒头或别的食品。其他用筷忌讳还有：忌舔筷——不要用舌头去舔筷子上的附着物。忌迷筷——举着筷子却不知道夹什么，在菜碟间来回游移，更不能用筷子拨盘子里的菜。忌泪筷——夹菜时不要滴滴答答流菜汁，应该拿着小碟，先把菜夹到小碟里再端过来。忌移筷——刚夹了这个盘子里的菜，又去夹那个盘子里的菜，应该吃完之后再夹另一个盘子里的菜。忌敲筷——敲筷子是对主人不尊重。另外，筷子通常应摆放在碗的旁边，不能放在碗上。在用餐时如需临时离开，应把筷子轻轻放在桌子上碗的旁边，切不可插在饭碗里。现在有些宴席实行公筷母匙，那么，你就要记住，不能用个人独用的筷子、汤匙给别人夹菜舀汤。

②餐巾的用法。如今很多餐厅都为顾客准备了餐巾，通常要等坐在上座的尊者拿起餐巾后，你才可以取出餐巾平铺在腿上，动作要小，不要像斗牛似的在空中抖开。餐巾很大时可以叠起来使用，不要将餐巾别在领子

上或背心上。餐巾的主要作用是防止食物落在衣服上，所以只能用餐巾的一角来印一印嘴唇，不能拿整块餐巾擦脸、擤鼻涕，也不要用餐巾来擦餐具。如果你暂时离开座位，请将餐巾叠放在椅背或椅子扶手上。用餐完毕，将餐巾叠一下放在桌子上，可千万别揉成一团"弃"在那儿。

③一般餐桌上会为每位用餐者准备茶水饮料和酒水，通常茶水饮料和酒水在右侧，饮用时尽量不要用错。

④作为主人（特别是陪同人员），宴会进行期间可为客人斟酒上菜，应该从客人左侧上菜，从客人右侧斟酒。

三、餐桌礼仪

1. 入席礼仪

客人入席时，不要捷足先登，应听从主人的安排。就座时，应向其他客人表示礼让。如果旁边是位女士，应主动为女士拉开座椅，协助她坐下，然后自己从座椅左边入座。

在宴会中，桌次与座位是一个不可忽视的问题。按习惯，桌次的高低以离主桌位置的远近而定，右高左低。桌数较多时，要摆桌次牌。宴会可用圆桌、方桌或长桌，一桌以上的宴会，桌子之间的距离要适中，各个座位之间的距离要相等。团体宴请中，桌子的排列一般以最前面的或居中的桌子为主桌。

餐桌的具体摆放还应与宴会厅的地形条件相适应。各类宴会餐桌摆放与座位安排都要整齐统一，椅背达到纵横成行，台布折纹要向着一个方向，给人以整体美感。

礼宾次序是安排座位的主要依据。我国习惯按客人的职务排列，以便谈话。如夫人出席，通常把女方安排在一起，即主宾坐在男主人右方，其

膳宿礼仪

夫人坐在女主人右方。两桌以上的宴会，其他各桌第一主人的位置一般与主桌上主人的位置相同，也可以面对主桌的位置为主位。

在具体安排座位时，还应考虑其他因素。例如，双方关系紧张的应尽量避免安排在一起，身份大体相同或同一专业的可安排在一起。

一般的家庭宴请，因正房为坐北向南，故方桌北面，即面向门的一面为客人的位置。现在则以迎门一方的左为上，右为下，是为首次两席。两旁仍按左为上、右为下依次安排座位，主人则背门而坐。

恰当地用桌次和座位的安排显示你的地位，表达你的尊敬，将会为你的赴会和宴请增添礼仪之邦的风采，并取得特定的效果。

2. 进餐礼仪

进餐前，服务员送上的第一道湿毛巾是擦手的，不要用它擦脸。俗话说："主不动，客不食。"客人不要急于动筷子，应等主人举筷后再开始用餐。取菜时应让主宾先取，然后按顺序轮流取。遇到别人夹菜时，要注意避让，以免"筷子打架"。作为客人，敬酒不要争先恐后，应等主人首先举杯敬大家之后，再酌情敬酒。席间不要吸烟，若实在忍不住，点烟前应征得在座者特别是女士的同意。此外，不要在餐桌上剔牙。实在要剔牙，则应用手或餐巾遮挡一下。

3. 退席礼仪

宴会结束时，当主人放下刀叉、撤去餐巾、表示离席时，客人才可以离席。若无特殊情况，客人中途离席是不礼貌的。离席后休息15分钟左右，待主宾先告辞，其他宾客随后告辞。

一般说来，中途退席是不礼貌的行为。如果有重要事情需要处理，可以提前或当场向主人及客人说明必须提前退席的原因。若无特殊情况，一般客人应该等到主宾离席后再离席。

餐桌上要注意的礼节

1. 入座后姿势端正，脚踏在本人座位下，不可任意伸直，手肘不得靠桌缘，也不得将手放在邻座椅背上。

2. 用餐时须温文尔雅，从容安静，不能急躁。

3. 在餐桌上不能只顾自己，也要关心别人，尤其要招呼两侧的女宾。

4. 口内有食物时，应避免说话。

5. 自用餐具不可伸入公用餐盘夹取菜肴。

6. 必须小口进食，不要大口塞，食物未咽下，不能再塞入食物。

7. 取菜舀汤，应使用公筷母匙。

8. 吃进口的东西，不能吐出来，如系滚烫的食物，可喝水或果汁冲凉。

9. 送食物入口时，两肘应向内靠，不能向两旁张开，以免碰及邻座。

10. 自己手上持刀叉，或他人在咀嚼食物时，均应避免跟人说话或敬酒。

11. 好的吃相是食物就口，不可将口就食物。食物带汁，不能匆忙送入口，否则汤汁滴在桌布上，极为不雅。

12. 切忌用手指掏牙，应用牙签，并以手或手帕遮掩。

13. 避免在餐桌上咳嗽、打喷嚏、打嗝，万一不禁，应说声"对不起"。

14. 喝酒宜各自随意，敬酒以礼到为止，切忌劝酒、猜拳、吆喝。

膳宿礼仪

15. 如餐具坠地，可请侍者拾起。

16. 遇有意外，如不慎将酒、水、汤汁溅到他人衣服上，表示歉意即可，不必恐慌赔罪，以免使对方难为情。

17. 如欲取用摆在同桌其他客人面前的调味品，应请邻座客人帮忙传递，不可伸手横越，长驱取物。

18. 如系主人亲自烹调的食物，勿忘给主人赞赏。

19. 如吃到的食物不洁或有异味，不可吞下，应将入口食物轻巧地用拇指和食指取出，放入盘中。倘发现盘中的菜肴有昆虫或碎石，不要大惊小怪，宜候侍者走近，轻声告知侍者更换。

20. 食毕，餐具务必摆放整齐，不可凌乱放置。餐巾亦应折好，放在桌上。

21. 主食进行中，不宜抽烟。如需抽烟，必须先征得邻座的同意。

22. 在餐厅进餐，不能抢着付账、推拉争付，这样非常不雅。倘系作客，不能抢着付账。未征得朋友同意，亦不宜代友付账。

23. 进餐的速度，宜与男女主人同步，不宜太快，亦不宜太慢。

24. 餐桌上不能谈悲戚之事，否则会破坏欢愉的气氛。

资料来源　百度百科，http：//baike. baidu. com/view/685669. htm。有改动。

4. 祝酒

作为主宾参加外国举行的宴会，应了解对方的祝酒习惯，即为何人祝酒、何时祝酒等等，以便做必要的准备。碰杯时，主人和主宾先碰，人多时可同时举杯示意，不一定碰杯。祝酒时注意不要交叉碰杯。在主人和主宾致辞、祝酒时，应暂停进餐，停止交谈，注意倾听，也不要借此机会抽烟。奏国歌时应肃立。主人和主宾讲完话并与贵宾席人员碰杯后，往往到其他各桌敬酒，遇此情况应起立举杯。碰杯时，要目视对方致意。

宴会上相互敬酒表示友好，活跃气愤，但切记喝酒过量。喝酒过量容易失言，甚至失态，因此必须控制在本人酒量的三分之一以内。

关于敬酒：

主人敬主宾。

陪客敬主宾。

主宾回敬。

陪客互敬。

记住：作客时绝不能喧宾夺主乱敬酒，那样是很不礼貌的，也是很不尊重主人的。

5. 喝酒

俗话说，酒是越喝越厚。在酒桌上也有很多讲究，以下总结了一些酒桌上不得不注意的小细节：

细节一：领导相互敬完才轮到自己敬酒。敬酒一定要站起来，双手举杯。

细节二：可以多人敬一人，绝不可一人敬多人，除非你是领导。

细节三：自己敬别人，如果不碰杯，自己喝多少可视情况而定，比如对方的酒量、对方喝酒的态度，切不可比对方喝得少，要知道是自己敬别人。

细节四：自己敬别人，如果碰杯，说一句"我喝完，你随意"，方显大度。

细节五：记得多给领导或客户添酒，不要瞎给领导代酒，就是要代，也要在领导或客户确实想找人代，还要装作自己是因为想喝酒而不是为了给领导代酒而喝酒。比如领导甲不胜酒力，可以通过旁敲侧击把准备敬领

导甲的人拦下。

细节六：端起酒杯（啤酒杯），右手扼杯，左手垫杯底，记着自己的杯子永远低于别人。自己如果是领导，知趣点，不要放太低，不然怎么叫下面的做人？

细节七：如果没有特殊人物在场，碰杯最好按时针顺序，不要厚此薄彼。

细节八：碰杯、敬酒，都要有说辞，不然我干吗要喝你的酒？

细节九：桌面上不谈生意，喝好了，生意也就差不多了，大家心里面了然，不然人家也不会敞开了跟你喝酒。

细节十：假如，纯粹是假如，遇到酒不够的情况，把酒瓶子放在桌子中间，让别人自己添，不要去一个一个倒酒，不然后面的人没酒了怎么办。

6. 酒桌上如何说话

谈起喝酒，几乎所有的人都有过切身体会，酒文化是一个既古老而又新鲜的话题。现代人在交际过程中，已经越来越多地发现了酒的作用。的确，酒作为一种交际媒介，在迎宾送客、聚朋会友、彼此沟通、传递友情中发挥了独到的作用，所以，探索一下酒桌上的奥妙，有助于交际的成功。

（1）众欢同乐，切忌私语

大多数酒宴宾客都较多，所以应尽量多谈论一些大部分人能够参与的话题，得到多数人的认同。因为个人的兴趣爱好、知识面不同，所以话题尽量不要太偏，避免唯我独尊、天南海北、神侃无边，出现跑题现象，而忽略了众人。特别是尽量不要与人贴耳小声私语，给别人一种神秘感，让别人产生 "就你俩好" 的嫉妒心理，影响喝酒的效果。

（2）瞄准宾主，把握大局

大多数酒宴都有一个主题，也就是喝酒的目的。赴宴时首先应环视一下各位的神态表情，分清主次，不要单纯地为了喝酒而喝酒，而失去交友的好机会，更不要让某些哗众取宠的酒徒搅乱东道主的意思。

（3）语言得当，诙谐幽默

酒桌上可以显示一个人的才华、常识、修养和交际风度，有时一句诙谐幽默的语言会给客人留下很深的印象，使人无形中对你产生好感。所以，应该知道什么时候该说什么话，要使语言得当，诙谐幽默很关键。

（4）劝酒适度，切莫强求

在酒桌上往往会遇到劝酒的情况，有的人总喜欢把酒场当战场，想方设法劝别人多喝几杯，认为不喝到量就是不实在。"以酒论英雄"，对酒量大的人还可以，酒量小的人就犯难了，有时过分劝酒，会将原有的朋友感情完全破坏。

（5）敬酒有序，主次分明

敬酒也是一门学问，一般情况下敬酒应以年龄大小、职位高低、宾主身份为序。敬酒前一定要充分考虑敬酒的顺序，主次分明。即使与不熟悉的人一起喝酒，也要先打听一下其身份或留意别人如何称呼他，以便做到心中要有数，避免出现尴尬或伤感情的局面。敬酒时一定要把握好敬酒的顺序。有求于某位客人时，对他自然要倍加恭敬，但是要注意，如果在场的有身份更高或更年长的，则不应只对能帮你忙的人毕恭毕敬，要先给尊者、长者敬酒，不然会使大家都很难为情。

（6）察言观色，了解人心

要在酒桌上得到大家的赞赏，就必须学会察言观色。与人交际，就要了解人心，左右逢源，才能演好酒桌上的角色。

147

膳宿礼仪

以案说礼

关于"基辛格鸡"

人民大会堂的第一任总厨师长王锡田，究竟主持设计和制作了多少次大型国宴，有多少中央首长品尝过他的菜肴，又有多少国际友人对他制作的国宴大菜赞不绝口，这些都无法说清楚。然而最让他难以忘怀的是一只鸡的制作，这只鸡曾在中美关系史上传为佳话，已故周恩来总理则不无幽默地将其命名为"基辛格鸡"。

1971 年 7 月 9 日，美利坚合众国总统尼克松的国家安全事务助理基辛格秘密抵京，太平洋两岸对峙了 20 年之久的中美关系悄然冰释。当天下午，周恩来在人民大会堂设宴款待美国密使，那只鸡便是宴会上的压轴好戏。基辛格不但是位很难对付的谈判高手，也是个口味极高的美食家。席间，面对周恩来频频举杯，基辛格多是面带微笑、礼貌应酬，而对眼前的美味佳肴浅尝辄止，胃口不佳……

就在此刻，在人民大会堂的灶房里，王锡田与另一位名厨——京苏大菜高手徐筱波正在厨房里为那只鸡紧张操作。中国烹饪界的两位泰斗，经过反复设计，决定用这只鸡去倾倒大洋彼岸的美食家。

那道尚未命名的鸡终于摆在基辛格的眼前，在名贵的江苏宜兴紫砂陶锅里，那只著名的鸡安卧在碧绿的荷叶里，玲珑剔透的陶锅配上一片金黄与黛绿，那颜色本身就是一种赏心悦目的艺术。"这道菜的佐料都是地道的美国货和德国货，但蒸制方法却是中国的，这叫中西合璧，博士先生一定会感兴趣……"不等周恩来用英语介绍完毕，基辛格一手拿刀一手执叉，迫不及待地伸向紫砂陶锅，一叉一切，一条鸡腿立即引起了他的兴趣。待鸡腿嚼罢，基辛格眯起眼睛再一次举起刀叉，向着鸡胸脯发起了第二轮冲锋，大洋彼岸的美食家已被中国名厨的高超手艺所征服。

宴罢，基辛格执意要见烧制这道美味的中国厨师。他紧紧握住王锡田的手，连呼："这将是我东方之行最美妙的记忆。"然而此时的王锡田却窘得连这道菜的名字都说不上来，还是周总理以他外交家的机智为王锡田和徐筱波解了围，他建议总厨师长说："这道菜就叫'基辛格鸡'好了。"于是，这位美国国家安全事务助理的名字便与中国国宴上的一道美味佳肴永远地连在一起了。

由此可见，周恩来总理机智超人，即席之作令基辛格兴奋不已，也使得宾主之间的气氛融洽到了极点。令人称绝的命名，一方面显示出周恩来总理卓越的才智；另一方面也给我们启示：恰到好处的诙谐幽默，能够让客人真正感到亲切、满意并产生感激之情。

资料来源　http：//i2. ce. cn/ce/cysc/sp/newbig-news/200711/08/t 20071108_13528995. shtml，2007-11-08。

（7）锋芒渐射，稳坐泰山

酒宴上要看清场合，正确估计自己的实力，不要太冲动，尽量保留一些酒力和说话的分寸，既不让别人小看自己又不要过分地暴露自己，选择适当的机会，逐渐放射自己的锋芒，才能稳坐泰山，不使别人产生"就这点能力"的想法，使大家不敢低估你的实力。

7. 西餐礼仪

（1）入席礼仪

参加西餐宴会，夫妻不要挨在一起坐；也不要男士坐一排，女士坐一排。客人的大衣、外套、雨伞等物品，可以交给服务员保管。女士随身携带的小包，用餐时可挂在椅背上。烟民不要把香烟和打火机随意放在餐桌上。

膳宿礼仪

（2）进餐礼仪

进餐时左手拿叉，右手持刀。使用时左右配合，左手用叉按住食品，右手用刀把食品切成小块。吃面包时，先把公用面包盘中的面包取到自己面前专门盛面包的盘子里，然后把黄油抹到面包上。吃面包时，先用手掰下大小可一口吃完的小块，接着送入口中。吃带头尾的鱼时，先切去鱼的头尾，接着从鱼腹部切入，沿着脊背从头向尾切开，去鱼骨，然后食用鱼肉。吃香蕉时，先把剥去皮的香蕉用刀切成段，然后用叉子叉着吃。吃西餐时，可以轻声地与座位两边的客人交谈，但不要高声谈笑。在进餐过程中，需要打电话或去洗手间时，应将餐巾搭在座椅上。如果随手把餐巾放在桌子上，服务员会以为你是提前离席，进而收走你的餐具。

8. 餐具的使用

中餐的餐具主要是碗、筷，西餐则是刀、叉、盘子。通常宴请外国人吃中餐，亦以中餐西吃为多，既摆碗筷，又设刀叉。刀叉的使用是右手持刀，左手持叉，将食物切成小块，然后用叉送入嘴内。欧洲人使用时不换手，即从切割到送食均以左手持叉。美国人则在切割食物后，把刀放下，右手持叉送食入口。就餐时按刀叉顺序由外往里取用。每道菜吃完后，将刀叉并拢排放盘内，以示吃完。如未吃完，则摆成八字或交叉摆放，刀口应向内。吃鸡、龙虾时，经主人示意，可以用手撕开吃；否则要用刀叉把肉割下，切成小块吃。切带骨头或带硬壳的肉食时，叉子一定要把肉叉牢，刀紧贴叉边往下切，以免滑开。切菜时，注意不要用力过猛，不要撞击盘子发出声音。不容易叉的食品或不易上叉的食品，可用刀把它轻轻推上叉子。除喝汤外，不用汤匙进食。汤用深盘或小碗盛放，喝时用汤匙由内往外舀起送入嘴，即将喝尽时，可将盘子向外略托起。吃带有腥味的食品，如鱼、虾、野味等，均配有柠檬片，可用手将汁挤出滴在食品上，以

150

去腥味。

在宴会进行中，由于不慎发生异常情况时，如用力过猛使刀叉撞击盘子发出声响，或餐具摔落地上，或打翻酒水等等，应沉着应对，不必着急。餐具碰出声音时，可轻轻向邻座（或向主人）说一声"对不起"。餐具掉落时，如服务员发现，他会主动送一付来。酒水打翻溅到邻座身上，应表示歉意，协助擦干；如对方是妇女，只要把干净的餐巾或手帕递上即可，由她自己擦干。

四、涉外膳宿

在安排外国友人膳宿时，一定要掌握数字的忌讳。西方人认为"13"是不吉利的，应当尽量避开，甚至每个月的 13 日，有些人也会感到忐忑不安。还有些人认为星期五也是不吉利的，尤其是逢到 13 日又是星期五时，最好不举办任何活动。在日常生活中的编号，如门牌号、旅馆房间号、层号、宴会桌次等，以及汽车编号也应尽量避开"13"这个数字。

"四"在中文和日文中的发音与"死"相近，所以在日本与朝鲜等东方国家，将"4"视为不吉利的数字，因此这些国家的医院里没有四号病房和病床。在我国也是如此，如遇到"四"，且非说不可时，忌讳的人往往说"两双"或"两个二"；另外，在日语中"九"的发音与"苦"相似，因而也属忌讳之列。

在饮食结构中，宗教的影响往往十分明显。伊斯兰国家和地区的居民不吃猪肉和无鳞鱼，日本人不吃羊肉，东欧一些国家的人不爱吃海味，也忌吃各种动物的内脏；叙利亚、埃及、伊拉克、黎巴嫩、约旦、也门、苏丹等国的人，除忌食猪肉外，还不吃海味及各种动物内脏（肝脏除外）。在阿拉伯国家做客，不能要酒喝。

膳宿礼仪

★日本人认为绿色是不吉利的象征，所以忌用绿色；巴西人以棕黄色为凶丧之色；欧美许多国家和地区以黑色为丧礼的颜色，表示对死者的悼念和尊敬；埃塞俄比亚人则以穿淡黄色的服装表示对死者的深切哀悼；叙利亚人也将黄色视为残废之色；而巴基斯坦忌黄色是因为那是僧侣的专用服色；委内瑞拉却用黄色作医务标志；蓝色在埃及人眼里是恶魔的象征；比利时人也忌蓝色，如遇到不吉利的事，都穿蓝色衣服；土耳其人则认为花色是凶兆，因此在布置房间、客厅时，绝对禁用花色，好用素色。

★德国人认为郁金香是没有感情的花；日本人认为荷花是不吉祥之物，意味着祭奠；菊花在意大利和南美洲各国被认为是"妖花"，只能用于墓地与灵前；在法国，黄色的花被认为是不忠诚的表示；绛紫色的花在巴西一般用于葬礼。在国际交际场合，忌用菊花、杜鹃花、石竹花、黄色的花献给客人，这已成为惯例。在欧美，若被邀请到朋友家去做客，献花给女主人是件愉快的事，但在阿拉伯国家，则是违反了礼仪。

在使用筷子进食的国家，不可用筷子垂直插在米饭中，在日本不能穿白色鞋子进房间，这些均被认为是不吉利之举；在佛教国家不能随便摸小孩的头顶，尤其是在泰国，他们认为人的头是神圣不可侵犯的，头部被人触摸是一种极大的侮辱；住宅门口禁止悬挂衣物，特别是内衣裤；脚被认为是低下的，忌用脚示意东西给人看，或把脚伸到别人跟前，更不能把东西踢给别人，这些都是失礼的行为；在欧洲国家，新人在婚礼前是不试穿结婚用的礼服的，因为害怕幸福的婚姻破裂；还有些西方人将打破镜子视作运气变坏的预兆；西方人不会随便用手折断柳枝，他们认为这是要承受失恋的痛苦；在匈牙利，打破玻璃器皿，就会被认为是厄运的预兆；中东人不用左手递东西给别人，认为这是不礼貌的；英美两国人认为在大庭广众之下，节哀是知礼；而印度人则相反，丧礼中如不大哭，便是有违礼仪。

第七堂课

领导干部的礼仪修养

　　领导者要注重办公礼仪修养。领导干部办公要守时，不能迟到或随意脱岗。办公时间精力要集中，不要心猿意马，心里不能为个人的私事想东想西、安静不下来。在办公室里，交谈要轻声细语，不要大声喧哗，更不要说一些低级庸俗的话；不做私事，更不要摆官架子、盛气凌人、高人一等；要谦虚谨慎、平易近人、相互尊重。

一、关系处理

1. 对下级关系

（1）任人唯贤（善于用人，关心部下，不要学漫画中的武大郎开店）。

（2）言而有信（不放空炮、哑炮，不随便许愿，应该说到做到）。

（3）宽宏大量（水清无鱼，人察无徒）。

（4）不摆架子，不以势压人。

2. 对上级关系

（1）尊敬上级。在口头上、行动上努力维护领导的形象和声誉，服从命令、听指挥。在工作中不越权、不添乱。

（2）讲究方式。开会或讨论问题时，不要夸夸其谈，喧宾夺主。

（3）注意小节。向上级汇报工作，进门前先敲门，汇报工作应条理清楚，简明扼要；在上级办公室里，未经允许不可随意翻阅文件。

（4）领导视察时，应起身迎送。

3. 对同事关系

（1）彼此尊重。俗话说"同船共渡，八百年修行"。同事来自五湖四海，彼此之间要相互信任，以诚相待。

（2）互相帮助。同事之间应互相支持，友好共事。

（3）一视同仁。"十个手指不一般长。"大家是老乡，平时走得近一些，是人之常情，但在工作中应不分亲疏，不搞小圈子。

二、电话礼仪

随着科学技术的发展和人们生活水平的提高，电话的普及率越来高，人离不开电话，每天要接、打大量的电话。看起来打电话很容易，对着话筒同对方交谈，觉得和当面交谈一样简单。其实不然，打电话大有讲究，可以说是一门学问、一门艺术。

1. 电话的基本礼仪

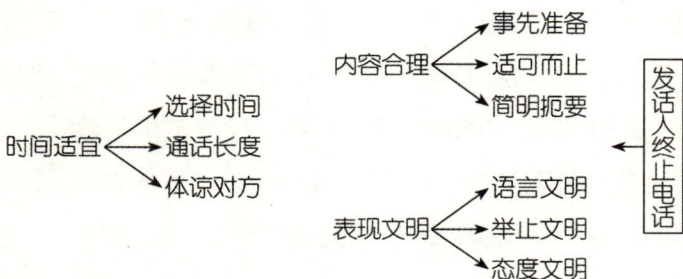

时间适宜 ← 选择时间
时间适宜 ← 通话长度
时间适宜 ← 体谅对方

内容合理 ← 事先准备
内容合理 ← 适可而止
内容合理 ← 简明扼要

表现文明 ← 语言文明
表现文明 ← 举止文明
表现文明 ← 态度文明

发话人终止电话

拨打电话礼仪

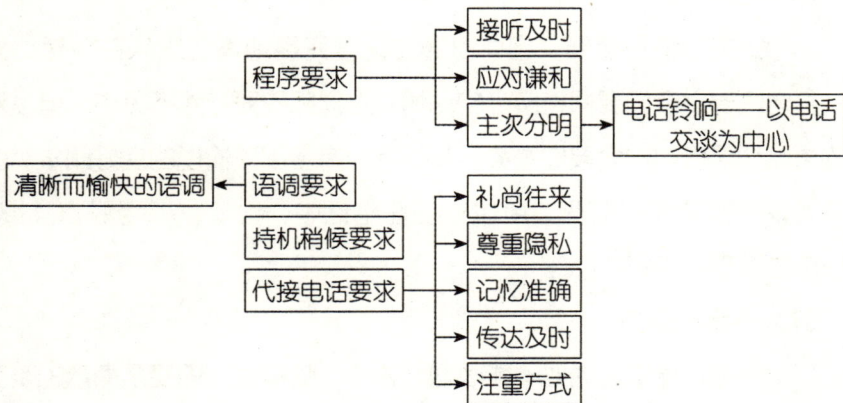

程序要求 ← 接听及时
程序要求 ← 应对谦和
程序要求 ← 主次分明 → 电话铃响——以电话交谈为中心

语调要求 → 清晰而愉快的语调
持机稍候要求
代接电话要求 → 礼尚往来
代接电话要求 → 尊重隐私
代接电话要求 → 记忆准确
代接电话要求 → 传达及时
代接电话要求 → 注重方式

接听电话礼仪

（1）态度

当我们打电话给某单位时，若一接通就能听到对方亲切、优美的招呼声，心里一定很愉快，双方的对话能顺利展开，我们对该单位也有较好的印象。在电话中，只要稍微注意一下自己的行为，就会给对方留下完全不同的印象。同样说"你好，我是××部门"，声音清晰、悦耳，吐字清脆，

你的声音和态度就给对方留下了好的印象，对方对你所在单位的印象也会更好。因此要记住，接电话时，应有"自己的态度代表单位形象"的意识。有的领导干部在接电话时十分傲慢，对一般人态度十分生硬，如"你是谁"、"我有事忙"、"有时间再说吧，你找下面的人谈"；如果是上级领导，他们就马上变为另外一种态度，立刻说"市长、书记（局长、处长）您好！好长时间没去拜访您了……有啥事您说，好！我立刻就办！没问题，您就放心吧！您的事就是我的事（比我的事还重要）……哈哈哈"。这是一位比较现实的"领导"，我们万万不可学着来，这样做很不规范、很不理智、很世俗，以后谁都瞧不起你。修养不深，致使人格丧失。

（2）心情

一个人的心情很重要，它可以通过语言完整地表达出来并传递给对方。打电话时，我们要保持良好的心情，这样即使对方看不见你，但从欢快的语气和语调中也会被你感染，从而给对方留下很愉悦的良好印象。由于情绪会影响声音的变化，所以即使在电话中，也要以"与对方互视"的心态去交流和应对。

（3）声音的魅力

打电话的过程中，绝对不能吸烟、喝茶、吃零食，即使是懒散的姿势对方也能够"听"得出来。如果你打电话的时候弯着腰躺在椅子上，对方听你的声音就是懒散的、无精打采的；若坐姿端正，所发出的声音也会亲切悦耳、充满活力。因此，打电话时，即使看不见对方，也要当作对方就在眼前，尽可能注意自己的姿势。

（4）电话的接听

在办公环境中，有的领导干部的办公桌上往往有两三部电话，当你听

156

到电话铃声时，应及时地拿起听筒，在铃响 3 声之内接听最好。电话铃声响一次大约是 3 秒，若长时间无人接电话，或让对方久等，都是很不礼貌的。对方在等待时心里会十分急躁，对你所在的单位留下不好的印象。即便电话离自己很远，听到电话铃声后，也应该用最快的速度拿起听筒。这样的态度和习惯是每个人都应该养成的。

（5）认真记录

随时牢记 5W1H 技巧，这是指：①When——何时；②Who——何人；③Where——何地；④What——何事；⑤Why——为什么；⑥How——如何进行。在工作中，这些资料都是十分重要的，对打电话、接电话具有相同的重要性。电话记录既要简洁又要完备，有赖于 5W1H 技巧。

（6）明确来电者的目的

在工作时间打来的电话几乎都与工作有关，每个电话都十分重要，不可敷衍。对每个打来的电话都要认真地尽可能问清事由，既避免误事又要赢得对方的好感。

（7）挂电话前的礼貌

结束电话交谈时，一般应当由打电话的一方提出，然后彼此客气地道别，说一声"再见"，再挂电话。不可只管自己讲完就挂断电话，那样做就很不礼貌。

2. 电话修养

（1）迟到、请假由自己打电话；

（2）外出办事应随时与单位联系；

（3）外出办事应告知去处及电话；

（4）延误拜访时间应事先与对方联络；

（5）用传真机传送文件后，以电话联络；

领导干部的礼仪修养

（6）同事家中的电话不要轻易告诉别人。[①]

三、公文礼仪

1. 公文的基本内容

公文，即相对私人文书而言的公务文书的简称。各级行政机关的公文就是各级公务员在公务活动中所使用的书面文字材料。广义的公文还包括图表、录像、录音、物证等各种适应实际需求的内容。

公文是传达、贯彻党和国家的方针政策、发布行政法规和规章、施行行政措施、请示和答复问题、指示和商议工作，以及报告情况、交流经验的重要工具。公文具有严肃的政治性、规范的程式性、绝对的权威性、直接的实用性和明确的工具性等鲜明特点。

根据 2000 年 8 月 24 日国务院办公厅重新颁布的《国家行政机关公文处理办法》，我国将现行行政公文的种类分为 13 种，并对每一种公文的具体内容、适用范围、适用对象都作了具体的规定。

命令。适用于依照有关法律公布行政法规和规章，宣布施行重大强制性行政措施，嘉奖有关单位及人员。

决定。适用于对重要事项或者重大行动做出安排，奖惩有关单位及人员，变更或者撤销下级机关不适当的决定事项。

公告。适用于向国内外宣布重要事项或者法定事项。

通告。适用于公布社会各有关方面应当遵守或者周知的事项。

通知。适用于批转下级机关的公文，转发上级机关和不相隶属机关的公文，传达要求下级机关办理和需要有关单位周知或者执行的事项，任免

---

① 参见 http：//www. m188. com/zhfw/content_ show. asp? id=30977，2010-01-06。

人员。

通报。 适用于表彰先进，批评错误，传达重要精神或者情况。

议案。 适用于各级人民政府按照法律程序向同级人民代表大会或人民代表大会常务委员会提请审议事项。

报告。 适用于向上级机关汇报工作，反映情况，答复上级机关的询问。

请示。 适用于向上级机关请求指示、批准。

批复。 适用于答复下级机关的请示事项。

意见。 适用于对重要问题提出见解和处理办法。

函。 适用于不相隶属机关之间商洽工作、询问和答复问题、请求批准和答复审批事项。

会议纪要。 适用于记载、传达会议情况和议定事项。

公文一般由秘密等级和保密期限、紧急程度、发文机关标示、发文字号、签发人、标题、主送机关、正文、附件说明、成文日期、印章、附注、附件、主题词、抄送机关、印发机关和印发日期等部分组成。各级行政机关的公文在公务活动中发挥极其重要的作用。

第一，公文具有法规和准绳的作用。有的公文本身就属于法规文件，有的公文则是法规的具体化。它们对所涉及的对象都具有强制约束力和规范作用，是个人和单位行动的准绳。

第二，公文具有领导和指导的作用。通过互行公文，上级机关可传达领导意图，下级机关可遵照执行、贯彻领导意图。

第三，公文具有教育和宣传的作用。国家行政机关可通过公文进行自上而下的宣传，以达到教育、启示、动员、释疑解惑、说明的作用。

第四，公文具有联系和知照的作用。通过互行公文，各级行政机关可

互相交流、沟通信息、了解情况、掌握实情，从而提高办事效率和领导水平。

第五，公文具有依据和证明的作用。公文是发文单位开展公务活动的记载，也是收文单位联系、开展工作的书面凭据，起着公认的"立此存照"的作用。

因为公文在国家行政工作中扮演着如此重要的角色，所以遵行公文礼仪成为基层公务员的一项基本职责。

公文礼仪，即基层公务员在撰制和办理公文时应当遵守的规范和惯例。我国公文礼仪的基础就是国务院办公厅重新颁布的《国家行政机关公文处理办法》。我们从公文的撰制、公文的行文、公文的办理这三个方面对公文礼仪进行具体阐述。

2. 公文的撰制

公文是国家行政机关的喉舌，也是政府与群众和各级行政机关的联系纽带。基层公务员撰制公文时必须严格遵守有关规定和要求，任何疏漏都可能耽误公务的执行。

（1）内容要求

任何类型的公文，不论其发文机关和发文目的是什么，都应当在内容上遵循如下两条基本指导原则：

①严守法规。公文的观点和内容必须符合国家的法律法规，必须符合党和政府的方针政策。如果发现公文所需贯彻的领导意图与党和国家的有关政策法规相抵触，应及时向领导提出，并予以纠正。如果要提出新的政策规定，则应加以具体说明，切勿使之前后矛盾。

②真实准确。公文所反映的情况必须真实、准确，不仅基本的事实材料要真实，而且具体的细节、背景、数据也要准确无误。这就要求基层公

务员深入实际、密切联系群众、实事求是，要克服官僚主义、形式主义和文牍主义，更不可弄虚作假、敷衍了事。

（2）格式要求

公文是一种规范性极强的应用文体，基层公务员在撰制公文时务必遵守具体的格式要求。

①选择恰当文种。国务院规定的13种公文形式，每一种都有近似却有所区别的格式要求。因此，选择恰当文种是遵守公文格式的基础。

正如南朝刘勰在《文心雕龙·章表》中所说："章以谢恩，奏以按劾，表以陈情，议以执异。"各种公文体现的是不同的发文机关权限范围和行文机关的不同关系，反映了不同的发文目的。因此，基层公务员在撰制公文时务必根据本机关的职权、地位和发文目的选择恰当文种，采取相应格式。

②遵守具体格式。公文讲究格式，是公文管理标准化和现代化的必然要求，也是公文合法性的保障。概括地说，公文格式可分为文头、正文、文尾和标记四部分内容。

其一，文头。文头包括文件名称与发文字号。文件名称，由发文机关名称加"文件"两字组成，如"中共中央文件"。文件名称往往用套红大字印刷，被称为"红头文件"。发文字号，由发文机关代字、年号、文件顺序号三者组成。若是几个机关联合发文，一般只注明主发机关的发文字号。年号应由"〔〕"括注，而不能使用"（）"。

其二，正文。正文包括以下七部分内容：

一是公文标题，由发文机关名称、事由和文种三部分组成，应简要、准确地概括公文的主要内容，体现发文主旨，如"公安部关于在全国公安机关开展向济南交警支队学习活动的决定"。如果公文版头已注有发文

机关，或已在文尾注明了发文机关，公文标题可省略发文机关；如果难以用少量文字概括所发公文的内容，或公文内容较为简单，可省略发文事由。公文标题除法规、规章名称需加书名号外，一般不加其他标点符号，而以空格代之；标题字数太多，需分行书写时，注意不得将固定词语拆开分写。

二是主送机关，即负责受理或答复该公文的机关。上行文只有一个主送机关，即文件责任的直接承担者；下行文可有多个主送机关，书写于左首顶格处，按级别高低排列。

三是正文，是公文的主体，表述公文的具体内容，写在主送机关名称之后。

四是附件，即附属于正文的材料，用于对公文的补充或参考。附件名称要在正文之后注明，附件本身既可单独成件，也可与文件主体一起装订、投送。

五是发文机关，即公文的法定作者名称，应采用机关全称或规范化简称，写于正文或附件名称之后一定距离的右下方。如需以机关领导人的名义行文，则应在领导人的姓名前冠以职务。联合行文时，应将主发机关排列在前。

六是发文日期，用以表明公文的生效时间，写于发文机关下方，使用年月日全称。

七是印章，即发文机关对公文的效力负责的凭证，盖于发文机关名称和发文日期的字面上。

其三，文尾。文尾包括如下三个部分：

一是主题词，用以标示公文的核心内容，便于公文的计算机检索与管理。主题词不同于公文标题，其确定应从公文内容范畴、主题内容、特征和文种这四个方面入手，而不能简单地从公文标题中提取。国务院办公厅秘书局于 1997 年 12 月修订出版的《国务院公文主题词表》和中共中央办公厅秘书局于 1998 年 8 月修订发布的《公文主题词表》是目前标引主题词的重要依据。主题词一般不超过 7 个，每个主题词之间要空一格，写于发文日期之后，用黑体字印刷。

二是抄送、抄报机关，即除主送机关外还应了解公文内容的有关机关。上行文为抄报，平行文或下行文为抄送。

三是制发机构和制发时间，即公文的印制单位和时间，书写于同一行。单位居左，顶格；时间居右，顶格。

其四，标记。标记包括以下四部分内容：

一是秘密等级，按公文的机密性质，公文可分为内部文件、公开文件和保密文件三类。其中，保密文件又可分为秘密文件、机密文件和绝密文件三等。秘密等级标在左上角，以醒目的黑体字印刷。

二是紧急程度，公文有紧急公文和非紧急公文两类。紧急公文又可分为急公文和特急公文两等。紧急程度应以黑体字标在密级上方。

三是阅读范围，即以工作需要和保密范围为依据所确定的公文的行文范围和阅读对象，写于发文日期之后，主题词之前。

四是印刷份数，指该公文的实际印制数量，用括号标注在文件左下方。

另外，公文纸一般采用 16 开型（260mm×185mm）于公文左侧装订。按惯例，天头应为 35mm，地脚应为 25mm，订口应为 22mm，翻口应为 25mm，版心内正文应有 25 行、20 列。特殊公文，如"布告"、"通告"等用纸大小可视实际需求而定。公文书写应自上而下、自左至右。

3. 收文程序

收到公文后，基层公务员一定要按程序对其进行处理。

（1）登记

各级行政机关在收到公文后，务必对所收公文进行登记。各种公文一般可按"上级文件"、"下级文件"、"需承办文件"、"一般性文件"4 个类型分类登记。登记内容包括收文序号、收文日期、来文单位、来文标题、密级、领导批示与承办情况、归卷号及备注等。收文登记时字迹要清晰工整，平件、密件要明确区分，急缓程度要严格分清。登记的基本要求是准确、翔实。

（2）拟办、批办

拟办即基层公务员在收到来文后提出初步的办理方案或建议，供领导参考。拟办意见应简明扼要，并可随同附上与来文有关的材料，交领导参看。

批办即机关领导对需要办理的公文进行批示，提出执行、办理的原则与方法，并签署姓名与日期。批办要及时、迅速，批示的意见要明确、具体。

（3）承办

承办即基层公务员根据领导的批示意见，对公文具体执行和办理。承办时应当统筹规划、妥善安排。要分清来文的主次缓急，有步骤、有计划地办理，优先办理重要的公文。一般而言，特急件应随收随办，当时或当天办结；急件也应随收随办；限时处理的公文当以规定时间为限，不得拖延；其他一般公文也应尽快办理。

（4）催办

催办即对公文办理的督促与检查，主要是指在收到公文后，对本机关各承办部门的公文处理工作进行监督与检查。各级行政机关应建立健全机关公文催办系统和催办的登记、分层逐级汇报制度，以落实催办工作。

四、信函礼仪

信函，是书信的正式称呼。在人际交往中，信函是一种应用极为广泛的书面交流形式。对于广大基层公务员而言，信函在实际工作中扮演着举足轻重的角色。因此，每一位公务员都必须熟练掌握信函的书写和使用规范。

尽管公务信函和私人信函都属于信函，但由于适用范围和使用目的大相径庭，两者在书写和办理上存在很多不同之处。这里我们拟就公务信函需要严格遵守的规范要求作出具体阐述，并举例说明特殊公务信函的书写方法。

1. 内容与格式

信函的最大功效和目的在于传递信息，因此其内容必须完整无缺，其表述必须准确清楚。如果信函的内容不够完整，表述不够规范，甚至词不达意，就难以准确有效地传递信息，进而会延误公务的开展，而且耗费读信者不必要的时间和精力。

要使信函的内容完整无缺，表述准确清楚，关键一点就在于严格遵守信函的书写格式。信函的格式如同信函的骨架，贯穿信函的始末，支撑起所有的内容。没有完整而准确的信函格式，信函就像是散了架的机器，没有任何功效和意义。

公务信函的格式与私人信函大致相同，具体而言，可分为笺文格式和封文格式两方面。

领导干部的礼仪修养

（1）笺文格式

笺文，即写于信笺上的书信内容。笺文一般由抬头、启词、正文、祝词、落款以及附言等几部分组成。

①抬头。

它是对收件人的称呼，于信笺首行顶格书写，并且单独成行。基层公务员在书写公务信函的抬头时，通常适用的称呼有如下几类：一是以姓氏加上称谓词作称呼，如黄先生、耿同志等，这类称呼显得较为自然；二是以姓氏加上职衔作为称呼，如赵科长、林主任等，这类称呼多用于关系一般的交往双方之间；三是以字号相称，文人雅士多有字号，平辈之间采用字号称呼是较为正规、讲究的做法。

称呼之前，可加一些适当的形容词，如尊敬的、敬爱的等；称呼之后，亦可加一些适当的提称词。提称词多用于以书面语言写成的信函中。使用提称词应注意使之与称谓相配合。例如，对尊长应用"尊鉴"，对平辈应用"惠鉴"，对晚辈应用"青鉴"，对女性应用"涉鉴"等等。

②启词。

启词是正文之前的开场白，既可表示客气寒暄，也可提示写信原因。启词应于抬头之下另行空两格书写，一般应单独成段。

公务信函的启词应力求篇幅简短，不可过于啰唆。采用"您好"一类的简略启词可使之成为正文首句，而不必单独成段。

③正文。

正文是信函的主体部分，是写信者叙述的正事所在。为方便阅读，正文可酌情分段，每段句首空两格，转行后顶格书写。

正文虽是公务信函的"主心骨"，但亦应力求简明扼要，以简单的语

166

言说全、说清信函的主旨。切忌啰啰唆唆、拖沓冗长，甚至词不达意、文不对题。

正文的语言要求平实朴素但不失礼貌优雅。语言的朴实是基层公务员"人民公仆"形象的内在要求；语言的优雅则不仅体现一个人的修养，而且也体现对交往对象的尊重。如果语言过于粗俗、枯燥，不仅会使自己在交往对象眼中的形象受损，而且还会被怀疑不尊重对方。

④祝词。

祝词即写信者在笺文结尾向收信者所表达的祝愿、钦敬、勉慰之语。祝词一般包括两部分内容：一是应酬语，即笺文结尾所用的一两句结束正文的语句。应酬语应当简洁而自然，有时亦可同时再用一些敬语，以示谦恭，如草此、肃此、敬此等。二是问候祝福语，即出于礼貌而对收信人所作的不可缺少的祝颂或问候。如敬颂春安、即颂大安、祝您成功等。书写时应字斟句酌，具体对象具体对待。

祝词的书写格式要求较严。如果祝词较多，可单独成行，空两格后书写。也可将祝词分成两部分书写，其法有二：一是将敬颂、敬请一类的词单独成行，前空四格，而将春祺、大安一类的词另行顶格书写；二是将敬请、敬颂一类的词置于正文末句之后，不另行书写，则将大安、春祺一类的词另起一行顶格书写。

⑤落款。

落款包括署名和日期两部分。署名应位于祝词之后另起一行的右方。若有写信者领导或同事的附问或写信者对收信者领导或同事的致意，则应另起一行书写，或直接写于署名之后。

一般而言，日期应具体到年月日，有时可只写月日。日期可写于署名之后，只空一格；亦可另起一行，写于署名的正下方。

⑥附言。

附言是写信者对正文的补充。附言往往以又、另一类的词引出，或不写引出词，而以又及、再及一类的词结束。

附言应在署名与日期之后另起一行空两格书写，且不必分段。附言应力求简洁，无需另用信笺。切勿在信笺的上下左右乱写附言，令人眼花缭乱而不知所云。

（2）封文格式

封文，即写在信封上的书信内容。国内邮寄信函、国际邮寄信函与托人代转的信函，其封文有着不同的具体格式。

①国内邮寄信函。

在交付邮寄的国内信函信封上，应先在左上角写清收信者所在地的邮编，然后另起一行书写收信者的详细地址。收信者姓名应以稍大字体书写于信封的正中央。信封的右下方，应写清寄信者的地址、姓名（有时可只写姓氏）以及邮编。

②国际邮寄信函。

在交付邮寄的国际信函的信封上，收信者的姓名、地址和邮编应写在信封正面的中央偏右下方；寄信者的姓名、地址和邮编则应写在信封正面的左上方或信封背面的上半部。书写的具体顺序应是姓名、地址、邮编、国名。书写地址时应自小而大，与国内写法相反。书写时应尽量使各行文字左右对齐。

③托带信函。

在托人带交的信封上，内容一般较为简洁。信封左上角可视具体情况写上"专送"、"面交"等字样。收信者地址、姓名写法不变。如托带人知道收信者地址，可以不写地址而只写姓名。信封右下角一般只注明写信者的姓名，不必写地址。收信者和写信者的邮编均不必写。

2. 特殊的公函

除了上述一般的公务信函之外，基层公务员还会在工作中遇到一些有特定目的和使用场合的公函，如祝贺信、感谢信、慰问信、邀请信等。每一种特定公函都有相应的写作规范和使用要求，基层公务员应当严格遵守。

（1）祝贺函

祝贺函简称贺信，即在对方取得重大成绩、有了喜庆之事时向对方表示祝贺的信函。

①格式要求。

祝贺函一般由标题、称谓、正文、落款四部分构成。标题即在首行正中位置书写的"贺信"两字，称谓即被祝贺单位或个人的名称，落款即发函者的署名及发函日期。

祝贺函的正文由三部分构成：一是以简要的文字向对方表示热烈祝贺，写清向谁祝贺、为什么祝贺等。二是祝贺的内容，即所贺之事的重大意义。三是发函者的希望和祝愿。上级写给下级的，可写希望、要求；写给会议的，则可用"祝大会圆满成功"等话语。

②注意事项。

祝贺函的语言要充满热情、喜悦之意和温暖、愉快之感，并给人以鼓励和希望。颂扬与赞美之词要恰如其分，不能过分夸大或拔高。祝贺函的发送要及时，要赶在有关活动的前边。

（2）慰问函

慰问函是机关单位或个人对某人、某集体表示慰问而写的信件。在对方取得突出成绩时，或在对方遇到困难、遭到不幸时，均可以写慰问函表

示慰勉、鼓励、安慰和同情。

①格式要求。

慰问函的构成同祝贺函基本相同,在格式上也很相似,只是正文内容有所区别。

慰问函的正文由两部分构成:一是慰问的背景和原因,并致以诚恳亲切、充满关怀之情的慰问之语。二是对对方所遇到的困难、不幸表示深切的同情和安慰,或对对方所取得的重大贡献和所具有的某种精神表示褒扬和嘉奖。

②注意事项。

要根据不同对象用不同的写作素材及慰勉用语。感情要真挚热情,诚恳亲切。文字要简练,篇幅须短小。

（3）邀请函

邀请函又叫请柬,也称请帖,是单位、团体或个人邀请有关人员出席隆重的会议、典礼,参加某些重大活动时发出的礼仪性书信。它不仅表示礼貌,也有凭证作用。

①格式要求。

请柬一般由标题、称谓、正文、落款四部分组成。

标题即用大字书写的 "请柬" 两字,在第一行中间,或者占用一页,当做封面。

称谓即被请者的单位名称或姓名,另起一行或一页顶格书写,姓名之后写上职务、职称等,如同志、先生、教授、经理、主任等。

正文应写清活动时间、地点、内容、要求,并用敬请参加、敬候光临、敬请届时光临等语结束。

落款即发函者的署名与发函日期。

②请柬的形式。

请柬要美观大方，不可用书信纸或单位的信函纸草草了事，而应用红纸或特制的请柬填写。所用语言应恳切、热诚，文字须准确、简练、文雅。

领导干部的礼仪修养

第八堂课

民俗礼仪

　　民俗，作为一种社会文化现象早已存在。在我国古籍记载中，早就出现了"俗"、"风俗"、"习俗"、"民风"等词汇，其含义主要是指"民众的知识"。民俗的英文为"Folklore"，于 1945 年由英国考古学家威廉·汤姆斯提出，意为"民众的知识"或"民俗的学问"。这一术语已为国际学术界通用。中国《礼记·曲礼上》："入境而问禁，入国而问俗，入门而问讳。"古代去拜访人，要先问清楚他长辈的名，以便谈话时避讳，也泛指问清楚有什么忌讳。

一、民俗礼仪概说

1. 民俗礼仪的基本内容

（1）物质民俗礼仪

它包括居住（建筑）礼仪、服饰礼仪、饮食礼仪、生产礼仪、技术礼仪等。

（2）精神民俗礼仪

它包括宗教礼仪、信仰礼仪、礼仪禁忌，以及民间文学、民间艺术、体育活动中的礼仪等。

（3）社会民俗礼仪

它包括家庭礼仪、节日礼仪、人生礼仪、组织礼仪、社会活动礼仪等。

2. 民俗礼仪的基本特征

（1）多样性

民族文化的多样性，决定了民俗礼仪的多样性。

（2）变异性

民俗礼仪大多是约定俗成的，靠口头和行为方式传承，加之受到社会、环境、生产、生活、政治、经济、文化、宗教等诸多因素的影响，因而，民俗礼仪总是处于一种动态的发展变化之中。

（3）传承性

民俗礼仪一旦形成，便受到民族心理、地域观念等延缓性因素的影响或制约，它不仅会在本民族内得以延缓传承和发扬光大，而且可能超越时空的界限，向外传播，使各民族的民俗文化礼仪得以交融。

（4）群体性

民俗礼仪是各民族的公众集体创造的文明成果，并非个人行为。一方面，民俗礼仪只有得到群体的共同认可才能形成；另一方面，民俗礼仪也必须依靠群体的共同行为才能继承、维系和发展。

礼仪天下

日本人的礼节

日本人办事显得慢条斯理，他们对自己的感情常加以掩饰，不轻易流露，不喜欢伤感的、对抗性的、针对性的言行和急躁的风格。所以，在与日本人打交道的过程中，没有耐性的人常常会闹得不欢而散。

"爱面子"是日本人的共性，它是一个人荣誉的记录，又是自信的源泉。情面会强烈地影响日本人的一切，一句有伤面子的言语、一个有碍荣誉的动作，都会使事情陷入僵局，"面子"是日本人最重视的东西。因此，与日本人相处，应时时记住给对方面子。日本人讲道义，重恩情。在他们看来，"一个人永远报答不了万分之一的恩情"。知恩图报，对他们而言是普通而又相当重要的事情。

送礼在日本更是习以为常，同事荣升、结婚、生孩子、生日、过节等都会赠送礼物，这种礼仪既是历史遗风，又被赋予了时代新意。送礼之习，在商务交往中同样风行。给日本客人送一件礼物，即使是小小的纪念品，他都会铭记在心，因为这不但表明了你的诚意，而且也表明了彼此之间的交往已超出商务的界限，说明了你对他的友情，你给了他面子，所以他没法忘记你的"恩情"。日本人不喜欢在礼品包装上系蝴蝶结，用红色的彩带包扎礼品象征身体健康。不要给日本人送有动物形象的礼品。

接受日本人的邀请，也有一定的讲究。例如，应邀参加正式的宴会，应郑重其事，梳妆打扮，西装革履。如果参加郊游，或其他的文娱、体育活动，即使是首次见面，也只要轻装打扮即可，或者是穿适合的装束，力求自然，更能显示出你的热情大方，潇洒自如。

美国人的礼节

美国人以不拘礼节而著称。人们初次见面时，通常的客套话是"您好吗"，但对方不会答复你，因为这只是双方见面时互用的一句话。首次见面时，他们常常直呼对方的名字，也不一定跟人握手，往往只是笑一笑，说声"喂"或"哈罗"。同样，在社交场合，散场或业务会议散会时，他们也不一定跟每个人道别或握手，只是向大家挥挥手，或者说声"好啦，我们再见吧"就走了。在介绍别人的时候往往是连名带姓，如"玛丽·史密斯，这位是约翰·琼恩"。许多美国人甚至觉得"先生、太太、小姐"的称呼也太客套了，不论年龄、社会地位，大家都喜欢直呼其名。他们经常会说："别称我史密斯太太，叫我萨莉好了。"叫名字表示友善和亲近。

美国人没有家族世袭的名誉，但使用职业上的名誉，这种职业名誉有法官、高级政府官员、军官、医生、教授和宗教领袖等，如哈利法官、克拉克将军、布朗医生、格林博士等。

大多数美国人不愿意自己因年龄和社会地位的关系而被人置于突出的地位。

在通常情况下，若有人请吃午饭或晚饭，不需要送花或礼物，但在节假日去拜访人家时，一般要带点礼物。

美国人在谈话时，喜欢做手势，彼此之间得保持一定的距离。如果靠得太近，他们会觉得不舒服，最合适的距离是50厘米左右。美国人不喜

欢沉默，他们经常侃侃而谈，不使谈话中断。当他们默不作声时，并不是说他们同意了你的意见，而是认为同你继续辩论下去没礼貌。

礼仪天下

中国春节习俗

春节是我国一个古老的节日，也是全年最重要的一个节日。如何庆贺这个节日，在千百年的历史发展中，形成了一些较为固定的风俗习惯，有许多还相传至今。

1. 扫尘

"腊月二十四，掸尘扫房子。"据《吕氏春秋》记载，我国在尧舜时代就有春节扫尘的风俗。按民间的说法，因"尘"与"陈"谐音，新春扫尘有"除陈布新"的含义，其用意是要把一切穷运、晦气统统扫出门。这一习俗寄托着人们破旧立新的愿望和辞旧迎新的祈求。每逢春节来临，家家户户都要打扫环境，清洗各种器具，拆洗被褥窗帘，洒扫六闾庭院，掸拂尘垢蛛网，疏浚明渠暗沟；到处洋溢着欢欢喜喜搞卫生、干干净净迎新春的欢乐气氛。

2. 贴春联

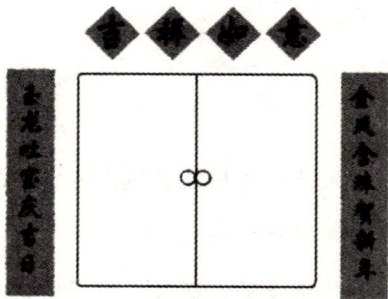

春联也叫门对、春贴、对联、对子、桃符等，它以工整、对偶、简

洁、精巧的文字描绘时代背景，抒发美好愿望，是我国特有的文学形式。每逢春节，无论城市还是农村，家家户户都要精选一副大红春联贴于门上，为节日增加喜庆气氛。这一习俗起源于宋代，明代开始盛行，到了清代，春联的思想性和艺术性都有了很大的提高，梁章矩编写的春联专著《楹联丛话》对楹联的起源及各类作品的特色都作了论述。

春联的种类比较多，依其使用场所，可分为门心、框对、横披、春条、斗方等。门心贴于门板上端中心部位；框对贴于左右两个门框上；横披贴于门楣的横木上；春条根据不同的内容，贴于相应的地方；斗斤也叫门叶，为正方菱形，多贴在家具、影壁中。

3. 贴窗花和倒贴"福"字

在民间，人们还喜欢在窗户上贴上各种剪纸——窗花。窗花不仅烘托了喜庆的节日气氛，也集装饰性、欣赏性和实用性于一体。剪纸在我国是一种很普及的民间艺术，千百年来深受人们的喜爱，因它大多贴在窗户上，所以也被称为"窗花"。窗花以其特有的概括和夸张手法将吉事祥物、美好愿望表现得淋漓尽致，将节日装点得红火富丽。

在贴春联的同时，一些人家要在屋门上、墙壁上、门楣上贴上大大小小的"福"字。春节贴"福"字，是我国民间由来已久的风俗。"福"字指福气、福运，寄托了人们对幸福生活的向往，对美好未来的祝愿。为了更充分地体现这种向往和祝愿，有的人干脆将"福"字倒过来贴，表示"幸福已到"、"福气已到"。民间还有将"福"字精描细做成各种图

民俗礼仪

案的，图案有寿星、寿桃、鲤鱼跳龙门、五谷丰登、龙凤呈祥等。

4. 年画

春节挂贴年画在城乡也很普遍，浓墨重彩的年画给千家万户平添了许多兴旺欢乐的喜庆气氛。年画是我国一种古老的民间艺术，反映了人民朴素的风俗和信仰，寄托着他们对未来的希望。年画也和春联一样，起源于门神。随着木版印刷术的兴起，年画的内容已不仅限于门神之类单调的主题，变得丰富多彩，在一些年画作坊中产生了福禄寿三星图、天官赐福、五谷丰登、六畜兴旺、迎春接福等经典彩色年画，满足了人们喜庆祈年的美好愿望。我国年画有三个重要产地：苏州桃花坞、天津杨柳青和山东潍坊。中国年画的三大流派各具特色。

我国现今收藏最早的年画是南宋《随朝窈窕呈倾国之芳容》的木刻年画，画的是王昭君、赵飞燕、班姬和绿珠四位古代美人。民间流传最广的是一幅《老鼠娶亲》年画，描绘了老鼠依照人间的风俗迎娶新娘的有趣场面。民国初年，上海郑曼陀将月历和年画二者结合起来，这是年画的一种新形式。这种合二而一的年画，以后发展成挂历，至今风靡全国。

5. 守岁

除夕守岁是最重要的年俗活动之一。守岁之俗由来已久，最早记载见于西晋周处的《风土志》：除夕之夜，各相与赠送，称为 "馈岁"；酒食相邀，称为"别岁"；长幼聚饮，祝颂完备，称为"分岁"；大家终夜不眠，以待天明，称曰"守岁"。

"一夜连双岁，五更分二天。"除夕之夜，全家团聚在一起，吃完年夜饭，点起蜡烛或油灯，围坐炉旁闲聊，等着辞旧迎新的时刻。通宵守夜，象征着把一切邪瘟病疫照跑驱走，期待着新的一年吉祥如意。这种习俗后来逐渐盛行，到唐朝初期，唐太宗李世民写有"守岁"诗："寒辞去冬雪，暖带入春风。"直到今天，人们还习惯在除夕之夜守岁迎新。

古时守岁有两种含义：年长者守岁为"辞旧岁"，有珍爱光阴的意思；年轻人守岁，是为延长父母寿命。自汉代以来，新旧年交替的时刻一般为夜半时分。

6. 爆竹

中国民间有"开门爆竹"一说，即在新的一年到来之际，家家户户开门的第一件事就是燃放爆竹，以"哔哔叭叭"的爆竹声除旧迎新。爆竹是中国特产，亦称爆仗、炮仗、鞭炮。

民俗礼仪

爆竹的起源很早，至今已有两千多年的历史。放爆竹可以创造出喜庆热闹的气氛，是节日的一种娱乐活动，可以给人们带来欢愉和吉利。随着时间的推移，爆竹的应用越来越广泛，品种花色也日见繁多。每逢重大节日和喜事庆典，以及婚嫁、建房、开业等，都要燃放爆竹以示庆贺，图个吉利。现在，湖南浏阳、广东佛山和东尧、江西宜春和萍乡、浙江温州等

地是我国著名的花炮之乡，生产的爆竹花色多、品质高，不仅畅销全国，而且远销世界。

7. 拜年

新年的第一天，人们都早早起来，穿上最漂亮的衣服，打扮得整整齐齐，出门去走亲访友，相互拜年，恭祝来年大吉大利。拜年的方式有多种：有的是由族长带领若干人挨家挨户地拜年，有的是同事相邀几个人去拜年，也有的是大家聚在一起相互祝贺，称为"团拜"。由于登门拜年费时费力，后来一些上层人物和士大夫便使用名帖相互祝贺，由此发展出后来的"贺年片"。

春节拜年时，晚辈要先给长辈拜年，祝长辈长寿安康；长辈可将事先准备好的压岁钱分给晚辈。据说压岁钱可以压住邪祟，因为"岁"与"祟"谐音，晚辈得到压岁钱就可以平平安安度过一岁。压岁钱有两种：一种是以彩绳穿线编作龙形，置于床脚，此记载见于《燕京岁时记》；另一种是最常见的，即由家长用红纸包裹分给孩子的钱。压岁钱可在晚辈拜年后当众赏给，亦可在除夕夜孩子睡着时，由家长悄悄地放在孩子的枕头底下。现在长辈为晚辈分送压岁钱的习俗仍然盛行。

二、各国礼俗风情

中国古代的《礼记·曲礼上》中说："入境而问禁，入国而问俗，入门而问讳。"意思是说，进入一个陌生的地区，要先打听有关的民俗和禁忌，以免遇到麻烦。在进行涉外交往时，我们除了要遵守涉外交往的国际原则，还要遵守一定的礼仪习俗。世界各国的礼俗风情各不相同，需要我们进一步学习和了解。现在世界上有各不相同甚至相反的礼节与习俗，在外事工作中就应了解各国的风土人情，入国问俗，谨慎从事，尤其要注意各国的主要避讳，以免犯忌，引起不必要的误会和尴尬。

1. 韩国

（1）交际习俗

男子见面时，习惯微微鞠躬后握手，并彼此问候。当晚辈、下属与长辈、上级握手时，后者伸出手来后，前者须以右手相握，随后再将自己的左手轻置于后者的右手之上。

韩国妇女一般情况下不与男子握手。

（2）主要禁忌

韩国人大都珍爱白色，对熊和虎十分崇拜。由于发音与"死"相同的缘故，韩国人对数字"4"十分反感；受西方习俗的影响，不少韩国人也不喜欢"13"。

（3）饮食特点

韩国人的饮食，在一般情况下以辣和酸为主要特点。韩国人以大米为主食，主要是米饭和冷面。

2. 日本

（1）交际习俗

日本是注重礼节和文明的国家，讲究言谈举止的礼貌。日本人见面时，要互相问候致意。鞠躬礼是日本最普遍的施礼致意方式，一般初次见面时的鞠躬礼是 30 度，告别时是 45 度；遇到长辈和重要交际对象时是 90 度，以示尊敬。

日本人与他人初次见面时，通常会互换名片，否则即被理解为是不愿与对方交往。

（2）主要禁忌

日本人的忌讳很多。日本人忌紫色和绿色，认为那是悲伤和不祥之

色。日本人忌讳"4"和"9",因为它们分别与"死"和"苦"发音相似。

日本人有3人不合影的习俗。日本人喜欢仙鹤和乌龟,认为它们是长寿的象征。

（3）衣食特点

在商务、政务活动中,日本人要穿西式服装;在民间交往中,有时也会穿自己的国服——和服。

3. 美国

（1）交际习俗

美国人是"自来熟",他们为人诚挚,乐观大方,天性浪漫,性格开朗,善于攀谈,喜欢社交,似乎与任何人都能交上朋友。与人交往时讲究礼仪,但没有过多的客套。朋友见面,说声"Hello"就算打招呼。

社交场合一般行握手礼,熟人则施亲吻礼。交谈时,经常以手势助兴,与对方保持半米左右的距离。

（2）主要禁忌

美国人忌"13"和"星期五"。他们不喜欢黑色,偏爱白色和黄色,喜欢蓝色和红色。崇尚白头鹰,将其敬为国鸟。

美国人认为个人空间不可侵犯,所以与美国人相处要保持适当的距离,碰了别人要及时道歉,坐在他人身边应征得对方认可,谈话时不要距离对方过近。

（3）饮食特点

美国人喜欢咸中带甜的菜肴,口味清淡。他们重视营养,爱吃海味和蔬菜。美国人早、午餐比较简单,晚餐较丰富。偏爱蛙肉和火鸡,饭后喜欢喝咖啡或茶。

4. 加拿大

加拿大作为国名，出自当地土著居民的语言，本意是"棚屋"。也有人说它来自葡萄牙语，意思是"荒凉"。加拿大位于北美洲北部，除极少数印第安人和因纽特人外，国民多是英、法移民的后裔，多数人信奉天主教。加拿大境内多枫树，素有"枫叶之国"的美誉。长期以来，加拿大人民对枫叶有着深厚的感情，加拿大国旗正中绘有三片红色枫叶，国歌也是《枫叶，万岁》。加拿大有"移民之国"、"粮仓"、"万湖之国"等美称。

（1）交际习俗

加拿大人讲究礼貌，但又喜欢无拘无束，不爱搞繁文缛节。加拿大人性格开朗热情，对人朴实友好，容易接近。人们相遇时，都会主动打招呼、问好，握手是其见面礼，拥抱、接吻等见面礼只适用于亲友、熟人、恋人和夫妻之间。

加拿大人在人际交往中的自由与随和是举世知名的。他们对于交往对象的头衔、学位、职务，只在官方活动中才使用；在中国社交活动中必备的名片，普通加拿大人是不大常用的，只有公司高层在商务活动中才使用名片。

（2）主要禁忌

枫叶是加拿大的象征，是加拿大国旗、国徽上的主题图案。枫叶被加拿大人视为国花，枫树被定为加拿大的国树，对其要充分尊重。在加拿大，白色的百合花主要用来悼念死者，因其与死亡有关，所以绝对不可以作为礼物送给加拿大人。白雪在加拿大人心目中有着崇高的地位，并被视为吉祥的象征与辟邪之物，在不少地方人们甚至忌讳铲除积雪。加拿大人很喜欢红色与白色，因为那是加拿大国旗的颜色。

与加拿大人交谈时，不要插嘴，不要打断对方的谈话，或是与对方强词夺理。议论性与宗教，评说英裔加拿大人与法裔加拿大人的矛盾，处处将加拿大与美国联系起来进行比较，将加拿大视为美国的"小兄弟"，或是大讲美国的种种优点和长处，都是应当避免的。

（3）衣食特点

在日常生活中，加拿大人的着装以欧式为主。在参加社交应酬时，加拿大人循例都要认真进行自我修饰，或是为此专门上一次美容店。在加拿大，参加社交活动时男子必须提前理发修面，妇女则无一例外地进行适当的化妆，并佩戴首饰。不这样做会被视为对交往对象的不尊重。

加拿大人的饮食习惯与英美比较接近，口味比较清淡，爱吃酸、甜之物和烤制食品。忌吃肥肉、动物内脏、腐乳、虾酱以及其他带有腥味、怪味的食物。在一日三餐中，加拿大人最重视晚餐，他们喜欢邀请朋友到家中共进晚餐。

5. 沙特阿拉伯

沙特阿拉伯人认为，娱乐会令人堕落，所以不要与其谈论休闲、娱乐，或是邀请其参加舞会、去夜总会玩乐。

按照伊斯兰教教规，沙特阿拉伯严禁崇拜真主以外的任何偶像，所以那里的人不喜欢看电影，不喜欢拍照、录像，并且对雕塑、洋娃娃等礼品十分忌讳。

沙特阿拉伯人忌用左手递送东西，厌恶别人用眼睛盯着自己。

沙特阿拉伯人是不下国际象棋的，他们认为那种玩法是对国王有失恭敬。沙特阿拉伯人崇拜蓝色和绿色，认为它们分别代表生命和希望，是吉祥之色。

6. 英国

在社交场合，英国人极其强调所谓的绅士风度，坚持"女士第一"的原则，对女士十分尊重和照顾。他们十分重视个人的教养，认为教养体现出细节，礼节展现出教养。在交际活动中，握手礼是英国人使用最多的见面礼节。

英国人忌4人交叉握手，忌"13"和"星期五"，忌用一次火点3支烟。英国人历来以谈吐幽默、高雅脱俗为荣。

英国人通常一日四餐，即早餐、午餐、下午茶和晚餐，晚餐为正餐。英国人不喜欢上餐馆，喜欢亲自烹调，平时以英法菜为主。

7. 法国

法国的正式名称是"法兰西共和国"。"法兰西"源于古代法兰克王国的国名。在日耳曼语里，"法兰克"一词的本义是"自由"或"自由人"。艺术之邦、时装王国、葡萄之国、名酒之国、美食之国等都是世人给予法国的美称。法国首都巴黎更是鼎鼎大名的艺术宫殿、浪漫之都、时装之都和花都。法国的主要宗教是天主教，近 80% 的人是天主教教徒，其余的人信奉基督教、犹太教或伊斯兰教。

（1）交际习俗

法国人非常善于交际，即使是萍水相逢，他们也会主动与对方交往，而且表现得亲切友善，一见如故。

法国人天性浪漫，在人际交往中，他们爽朗热情，善于雄辩，高谈阔论，爱开玩笑，幽默风趣，讨厌不爱讲话的人，对愁眉苦脸者难以接受。

他们崇尚自由，纪律性较差，不大喜欢集体行动，约会也可能姗姗来迟。法国人有极强的民族自尊心和民族自豪感，在他们看来，世间的一切都是法国最棒。例如，法国人懂英语的不少，但通常不会直接用英语与外

国人交谈。因为他们认定，法语是世间最美的语言，与法国人交谈时若能讲几句法语，一定会使对方热情有加。懂法语而又不同法国人讲法语，则会令其大为恼火。

法国人注重服饰的华丽和式样的更新。妇女视化妆和美容为生活之必需。在社会交往中奉行"女士第一"的原则。法国人习惯行握手礼，有一定社会身份的人施吻手礼，少女常施屈膝礼。男女之间、女子之间及男子之间，还有亲吻面颊的习惯。在社交中，法国人不愿他人过问个人私事。

（2）主要禁忌

法国人忌"13"和"星期五"。他们大都喜爱蓝色、白色与红色，不喜欢黄色和墨绿色。法国人视仙鹤为淫妇的化身，孔雀被看做祸鸟，大象象征笨汉。他们都是令法国人反感的动物。法国人还视菊花、杜鹃花与核桃等为不祥之物。

向法国人赠送礼品时，宜选具有艺术品位和纪念意义的物品，不宜送刀、剑、剪、餐具，或是带有明显的广告标志的物品。男士向关系一般的女士赠送香水，也被法国人看做不合适。

与别人交谈时，法国人往往喜欢选择一些足以显示其身份、品位的话题，如历史、艺术等。对于恭维英国、德国，贬低法国的国际地位和历史贡献，议论其国内经济滑坡、种族纠纷等问题，他们不愿意予以呼应。

（3）饮食特点

法国人会吃，也讲究吃。法国菜风靡世界，被称为"法国大餐"。法国人喜欢吃蜗牛和青蛙腿，最名贵的菜是鹅肝。法国人喜欢喝酒，几乎餐餐必饮，白兰地、香槟和红白葡萄酒都是他们喜欢喝的。法国菜的特点是鲜嫩，法国人也非常喜欢中国菜。

8. 德国

德国的正式名称是"德意志联邦共和国"。"德意志"在古代高德语里，含义为"人民的国家"或"人民的土地"。在世界上，德国有经济巨人、欧洲的心脏、出口大国、啤酒之国、香肠之国等美称。德国的主要宗教是基督教和天主教。目前在德国全国总人口中，信奉基督教的约占47%，信奉天主教的约占36%。

（1）交际礼仪

德国人之间初次见面，如果需要第三者介绍，作为介绍人要注意：不能不论男女长幼、地位高低而随便把一人介绍给另一人，一般的习惯是从老者和女士开始。向老年人引见年轻人，向女士引见男士，向地位高的人引见地位低的人。

双方握手时，要友好地注视对方，以表示尊重对方，如果这时把眼光移向别处，东张西望，是很不礼貌的行为。初次相识的双方在自报姓名时，要注意听清和记住对方的姓名，以免发生忘记和叫错名字的尴尬局面。在许多人相互介绍时，要做到尽量简洁，避免拖泥带水。

由于德语语言自身的特点，在与德国人交往中还会遇到一个是用尊称还是用友称的问题。一般与陌生人、长者以及关系一般的人交往，通常用尊称"您"；而对私交较深、关系密切者，如同窗好友、共事多年且关系不错的同事，往往用友称"你"。交换称谓的主动权通常在女士和长者手中。称谓的变换，标志着两者之间关系的远近亲疏。对此必须熟练掌握和运用，才能得心应手地与德国人交往。

德国人十分遵约守时。德语中有一句话"准时就是帝王的礼貌"。德国人邀请客人，往往提前一周发邀请信或打电话通知被邀请者。如果打电话，被邀请者可以马上口头作出答复；如果书面邀请，也可通过电话口头

民俗礼仪

答复。但不管接受与否，回复应尽可能早一点儿，以便主人作准备，迟迟不回复会使主人不知所措。如果不能赴约，应客气地说明理由。既不赴约又不说明理由是很不礼貌的。在德国，官方或半官方的邀请信，往往还注明衣着要求。接受邀请之后如中途有变不能如约前往，应早日通知主人，以便主人另作安排。如因临时原因，迟到10分钟以上，也应提前打电话通知一声，因为在德国私人宴请的场合，等候迟到客人的时间一般不超过15分钟。客人迟到，要向主人和其他客人表示歉意。

电影院中的迟到，人们可以习以为常，但对于音乐会的迟到，则是令人讨厌的。这时迟到者最好等到一幕或一个乐章结束后再入座。如等不及，需慢慢走到座位上，千万别走错排数，并且要对站起来让路的人轻说"谢谢"。

赴约赴宴，如遇交通高峰期，一定要提早出门，以免迟到。迟到固不礼貌，但早到也欠考虑。德国人如遇正式邀请，往往提前出门，如果到达时间早了，便在附近等一等，到时再进主人家。

德国人不习惯送重礼，所送礼物多为价钱不贵但有纪念意义的物品，以此来表示慰问、致贺或感谢之情。去友人家赴宴，客人带上点儿小礼物，俗话说"礼轻情意重"，一束鲜花、一盒巧克力或一瓶酒足已。当然，去德国朋友家做客的中国人如能送给女主人一件富有民族风格的小纪念品，那定会受到主人由衷的赞赏。如果只是顺便看望，那就不必带什么礼物了，最多给小孩子带点儿小玩意儿。如果是业务聚会，双方往来都是公事，只要按时应邀出席即可，不必另有表示。

在德国，如遇朋友乔迁或新婚，你可以事先同受礼者开诚布公地谈谈送些什么礼物好。有的德国新婚夫妇会把自己所需的日常用品列一份清单，送礼的朋友可在此单上划上自己送的东西，这样既可使新婚夫妇得到实惠，又令馈赠者高兴。

（2）主要禁忌

德国人对黑色、灰色比较喜欢，对于红色以及掺有红色或红黑相间的颜色，则不感兴趣。

对于"13"与"星期五"，德国人十分讨厌。他们对于四个人交叉握手，或是在交际场合进行交叉谈话，也比较反感，他们认为这是不礼貌的。

德国人对纳粹党徽的图案"卐"十分忌讳。它与我国民间表示吉祥的"卍"颇为近似。只不过前者的开口呈顺时针方向，后者的开口呈逆时针方向，切不可将二者混淆乱用。另外在德国跟别人打招呼时，切勿身体立正，右手向上方伸直，掌心向外。这一姿势过去是纳粹行礼的方式，因此也应避免。

与德国人交谈时，不宜涉及纳粹、宗教与党派之争。在公共场合窃窃私语或是大声讲话，德国人认为都是十分无礼的。

（3）衣食特点

德国人在穿着打扮上的总体风格是庄重、朴素、整洁。他们不大容易接受过分前卫的服装，不喜欢穿着过分鲜艳花哨的服装，并且对衣冠不整、服装不洁者表示难于忍受。德国人在正式场合露面时，必须穿戴整齐，衣着一般多为深色。在商务交往中，讲究男士穿三件套西装，女士穿裙式服装。德国人对于发型较为重视，在德国男士不宜剃光头，免得被人当做"新纳粹"分子。德国少女的发式多为短发或披肩发，烫发的妇女多为已婚者。

德国人讲究饮食，最爱吃猪肉，其次才是牛肉。以猪肉做成的各种香肠，令德国人百吃不厌。德国人一般胃口较大，喜食油腻之物；在口味方

民俗礼仪

面，德国人爱吃冷菜和偏甜、偏酸的菜肴，对于辣或过咸的菜肴则不太欣赏。德国人最喜欢饮啤酒，人人都是海量，当然他们对于咖啡、红茶、矿泉水，也很喜欢。

9. 澳大利亚

澳大利亚正式名称为"澳大利亚联邦"。澳大利亚作为国家的名称，来自拉丁文。在拉丁文里，其含义是"南方之地"。牧羊之国、骑在羊背上的国家、坐在矿车上的国家、淘金圣地等都是对澳大利亚的美称。澳大利亚的主要宗教是基督教，全国居民之中约98%的人是基督徒。

（1）服饰礼仪

男子多穿西服、打领带，在正式场合打黑色领结；达尔文服是流行于达尔文市的一种简便服装。妇女一年中大部分时间都穿裙子，在社交场合则套上西装上衣。无论男女都喜欢穿牛仔裤，他们认为穿牛仔裤方便、自如。土著居民往往赤身裸体，或在腰间扎一条围巾，有些地方的土著人稍微讲究些。他们的装饰品丰富多彩。

（2）交际礼仪

澳大利亚人的人情味很浓，他们乐于同他人交往，并且表现得质朴、开朗、热情。过分地客套或做作，均会令其不快。他们爱交朋友，爱同陌生人打招呼、聊天，爱请别人到自己家里做客。

澳大利亚的男士们相处，感情不能过于外露，大多数男人不喜欢紧紧拥抱或握住双肩之类的动作。在社交场合，忌讳打哈欠、伸懒腰等小动作。

澳大利亚是一个讲求平等的社会，人们不喜欢以命令的口气指使别人。

澳大利亚人见面习惯于握手，不过有些女子之间不握手，女友相逢时常亲吻对方的脸。

澳大利亚人大都名在前、姓在后。称呼别人先说姓，接着说先生、小姐或太太之类。熟人之间可称小名。

（3）主要禁忌

澳大利亚人对兔子特别忌讳，认为兔子是一种不吉利的动物，人们看到它都会感到倒霉。与他们交谈时，可以多谈旅行、体育运动及到澳大利亚的见闻，而议论种族、宗教、工会和个人私生活以及等级地位问题最令澳大利亚人不满。

在数字方面，受基督教的影响，澳大利亚人对于"13"与"星期五"普遍感到反感。

澳大利亚人不喜欢将本国与英国处处联系在一起。

澳大利亚人对于公共场合的噪声极其厌恶。在公共场所大声喧哗者，尤其是在门外高声喊人的人，他们是最看不起的。

（4）饮食特点

澳大利亚人在饮食上以吃英式西餐为主，其口味清淡，不喜油腻。澳大利亚的食品素以丰盛和量大而著称，尤其对动物蛋白的需求量更大。他们爱喝牛奶，喜食牛肉、猪肉等。他们喜喝啤酒，对咖啡很感兴趣。

10. 泰王国

泰王国，简称泰国，原名暹罗（Siam）。凡是初到泰国访问的人，都必须遵守泰国人的风俗礼节，不然很容易发生误会。泰国人认为门槛下住着神灵，千万不要踩踏泰国人房子的门槛。历史上，泰国人经商一般不喜欢冒险，小心谨慎，宁可依靠自己的力量积少成多地发展，也不愿大刀阔斧，大数额地贷款，大范围地投资。由于过分谨慎，他们不轻易相信别人，故很多企业部带有浓重的家族色彩。泰国商人十分注重人际关系，在

他们看来,与其你争我斗,费尽心思才能获得一些利益,倒不如把这些利益让给那些诚实而富于人性的对手。对于商品,他们重视质量甚于牌子,只要商品货真价实,即使是名不见经传的产品,也能获得认可。此外,同大部分的华人一样,他们也很注重面子,十分重视别人对自己的外观看法。如能让对方获得心理上的满足,无疑可以使洽谈在十分融洽的气氛中进行。人们说泰国是"微笑之国",他们对外国人特别和蔼可亲。泰国人的生意对象几乎都是华侨系统的企业,和其他国家的华侨一样,做生意要基于对个人的信赖,形式上的契约书依然有被轻视的倾向。泰国的市区大道混杂紊乱,早晚不用说,即使白天也经常拥挤不堪,行动上相当费时。在泰国,在众目睽睽之下与人争执、咄咄逼人的表现会被泰国人认为是最可耻的行为。由于左手被视为不洁净,所以交换名片、接受物品,都必须使用右手。访问政府办公厅宜穿西装;商界见面着衬衫、打领带即可。拜访大公司或政府办公厅须事先约定,准时赴约是一种礼貌。宜持有英文、泰文、中文对照的名片,当地两天即可印妥。在泰国,有意思的节日包括泼水节(4月12—15日,既是泰国最盛大的节日,也是泰历新年,15日开始大规模的泼水活动)、博桑伞节(1月,在清迈,颇受旅游者青睐)、清迈花节(2月4—6日,有花车游行和选美比赛)、万佛节(泰历3月15日)、放生节(2月)、大象节(11月第三个周末)、水灯节(泰历12月15日,男女青年谈情说爱的节日)、泰王生辰庆典(12月5日)、王后诞辰庆典(8月12日)。

（1）泰国的风情习俗

泰国的仪式繁多,礼节也很复杂,各民族都有不同的仪式和礼节。泰族是泰国的主要民族,因此泰族的礼仪基本上也是泰国人的礼仪。

泰国人见面时,要各自在胸前合十相互致意,其方法是双掌连合,放在胸额之间，这是见面礼，相当于西方的握手，双掌举得越高，表示尊敬的程度越深。平民百姓见国王双手要举过头顶，小辈见长辈要双手举至前额，平辈相见举到鼻子以下。长辈对小辈还礼举到胸前，手部不应高过前胸。地位较低或年纪较轻者应先合十致意。别人向你合十，你必须还礼，否则就是失礼。合十时要稍稍低头，口说"萨瓦迪"（即"您好"）。双方合十致意后就不必再握手了，男女之间见面时不握手，俗人不能与僧侣握手。

与别人谈话时不得戴墨镜，手势要适度，不许用手指着对方说话。从别人面前走过时（不管别人是坐着还是站着），不能昂首挺胸、大摇大摆，必须弓着身子，表示不得已而为之的歉意。妇女从他人面前走过时，更应如此。学生从老师面前走过时，必须合十躬身。

泰国是个王国，泰国人民对王室很尊敬。游客也应入乡随俗，对他们的国王、王后、太子、公主等表示敬意。在电影院内播放国歌或国王的肖像在银幕上出现时，应起立。凡遇盛大集会、宴会，以及影剧院开始演出之前，都要先演奏或播放赞颂国王的《颂圣歌》，这时全场肃立，不得走动和说话，路上行人须就地站立，军人、警察还要立正行礼，否则就被认为对国王不敬。泰族的主要仪式大致可以分为加冕仪式、出家剃度仪式、洒水仪式、新屋落成仪式和其他仪式等。泰国人热情和礼貌的性格早已闻名于世，来泰国的人们都曾得到泰国人民热情友好、好客有礼的招待。尽管泰国人看起来很腼腆，实际上他们很容易与陌生人融洽相处，而且总是脸带笑容，故泰国有"微笑国度"的美称。

（2）泰国各民族禁忌

泰国各民族都有一些禁忌，如果违犯了他们的禁忌，会引起主人或他人的不满，甚至会引起当地群众的强烈反对。日后若他们或当地发生疾

病、死亡或作物歉收等，都会认为是由违犯禁忌的人造成的。入乡随俗，到泰国去，有必要知道一些当地的风俗习惯。泰国是佛教圣地，佛教在泰国的地位是神圣不可侵犯的，任何冒犯的行为均可能遭受拘禁，即使对于外国游客也是同样的。下面我们列举有关应注意的事项：

不能用手指僧侣，不能（用身体）接触僧侣。尤其是女性，不许与僧侣握手，在汽车上不许与僧侣邻座；即使僧侣主动打招呼（外国女性常遇到），也应礼貌地拉开距离。

女士若想将东西奉给僧侣，宜托男士转交。如果要亲手赠送，僧侣便会张开一件黄袍或一块手巾，承接该女士交来的东西，在这个过程中僧侣是不容许碰触女性的。每尊佛像，无论大小或是否损坏，都是神圣的，绝对不可爬上佛像拍照，或对佛像作出不尊敬的举动。遇见托钵化缘的和尚，千万不能送现金，因为这是破坏僧侣戒律的行为。在泰国法律中，有一些是关于保护宗教的，这些法律不单保护佛教，也保护国内其他信仰。不懂得宗教禁忌的人，即使并非故意侮辱宗教，也会引起别人的反感。在清真寺内，男士要戴帽，女士应穿长裤或长裙，头发用领巾包扎；进入清真寺内要脱鞋。

向王室表示敬意。泰国人都非常尊重他们的国王、王后以及王室家族，因此在别人面前批评王室要非常慎重，泰国法律有对王室不敬罪的处罚条例。因此，游客要小心表现适当的礼仪，如在公众场合有王室人员出席时，最好留意其他人的动作，跟着照做。

衣着打扮。泰国寺院是泰国人公认的神圣地方，在进入佛教寺庙时，衣着应得体端庄，身着短裙、短裤或露背装都不得入内。在进入佛堂、回教寺或私人住宅时，游客需要脱鞋，并注意不可脚踏门槛。泰国女性都是比较保守的，不要在未经她们同意的情况下触摸她们（身体）。

194

称呼。泰国人通常称呼人名时，在名字前加一个"坤"（Khun）字，无论男女均可用，表示"先生"、"夫人"、"小姐"之意。在泰国公司内，职员们经常以"Pee"（兄姐）和"Nong"（弟妹）相称，给人一种亲切的感受。

头部很神圣。不要触及他人头部，也不要弄乱他人的头发。在泰国，人的头部被认为是精灵所在的重要部位。如果你无意中碰及他人的头部，应立即诚恳地道歉。泰国人忌讳外人抚摸小孩（尤其是小和尚）的头部，小孩子的头只允许国王、僧侣和孩子的父母抚摸。即使是理发师，也不能乱动别人的头，在理发之前必须说一声"对不起"。

泰国人睡觉时，头部不能朝西，因为日落西方象征死亡，只有人死后才能将尸体头部朝西停放。泰国人建筑房屋时，也习惯坐北朝南或坐南朝北，而不朝西。此外，蓄须也被认为不礼貌。

左手不净。泰国人认为，人的右手清洁而左手不净，左手只能用来拿一些不干净的东西。因此，重要的东西用左手拿会遭到嫌弃。左撇子在日常生活中可以不注意，但在正式场合绝对不可以。在比较正式的场合，重要的东西要双手奉上，用左手则被认为是鄙视他人。

脚掌不净。与左手一样，脚掌也被认为是不净的。在入座时，应避免将脚放在桌子上。用脚尖撞人或指人都会被严厉地呵斥，也绝对不能把脚掌冲着佛。泰国人认为脚部是卑贱的，只能用来走路，不能干其他事情，例如用脚踢门和用脚指东西等。坐着时，不要翘起脚，也不要把脚底对着别人。妇女落座，要求更为严格，双腿必须并拢，否则会被认为不文明，缺乏教养。

公众场合的注意事项。在泰国的公众场合，不要做出拥抱、亲吻或握手等举动，这被认为是不符合当地风俗的。另外，仅在某些海滩允许裸体

晒日光浴，在其他地方，泰国人不喜欢这种行为，尽管未构成犯法，但是违背泰国人的佛教理念。

其他禁忌。泰国人不用红笔签名，因为泰国人死后，要在棺材口写上其姓氏，写时用的是红笔。在人经常走过的地方，如门口、房顶等禁止悬挂衣物，特别是裤衩和袜子之类。在一些农村里，忌赞美别人小孩子长得漂亮。泰国人在泰历的每年 12 月月圆时要举行水灯节，这是泰国最热闹的一个节日。在观看水灯时一定要注意，无论水灯多么精致美丽，都绝对不能拣起来，否则会受到严厉的惩罚。

三、各国送礼禁忌

1. 伊斯兰教徒

不能送人形礼物，也不能送酒、雕塑和有女人的画片，他们认为酒是一切万恶之源。

2. 英国人

一般送价钱不贵但有纪念意义的礼物，切记不要送百合花，因为它意味着死亡；收到礼物的人要当众打开礼物。

3. 美国人

送礼物要送单数，且讲究包装；蜗牛和马蹄铁是其吉祥物。

4. 法国人

送花不要送菊花、杜鹃花以及黄色的花，不要送带有仙鹤图案的礼物，不要送核桃。他们认为仙鹤是愚蠢的标志，而核桃是不吉利的。

5. 俄罗斯人

送鲜花要送单数；用面包与盐招待贵客，表示友好和尊敬；最忌讳送钱给别人，这意味着施舍与侮辱。

6. 日本人

日本人盛行送礼，探亲访友、参加宴请都会带礼物。接送礼物要双手，不当面打开礼物。当接受礼物后，再一次见到送礼的人时一定要提及礼物的事并表示感谢；送礼物忌送梳子，也不要送有狐狸、獾图案的礼物，因为梳子的发音与死相近；一般人不要送菊花，因为菊花一般是王室专用花卉。

四、国外主要节日习俗

节日是指某一国家或地区为庆贺、纪念、缅怀某一事件或某一人物而约定俗成的时日。各国、各民族都有自己传统的节日庆典，有些节日还逐渐变成世界性的传统节日。

1. 圣诞节

圣诞节本是基督教用以纪念耶稣诞辰的一个宗教节日，随着西方文化传播的影响，已经成为一个世界性的民间节日。它的时间延续很长，通常为 12 月 24 日至次年 1 月 6 日。在许多国家和地区，包括中国的香港和澳门，圣诞节都是例行假日。

西方人以红、绿、白为圣诞色，每逢圣诞节来临，家家户户都要用圣诞色来装饰。红色的有圣诞花和圣诞蜡烛。圣诞花即一品红，它被西方人用来象征圣诞节；圣诞蜡烛不同于普通蜡烛，它五色俱全，精致小巧。过圣诞节时，家家都要点燃它。绿色的是圣诞树，它是圣诞节的主要装饰物，用砍伐来的杉、柏一类呈塔形的常青树装饰而成，上面悬挂着五颜六色的彩灯、礼物和纸花。圣诞花环是由圣诞树演变而成的室内装饰物，它用松、杉、柏一类常青树的枝条扎成圆形，放上几颗松果，再配上红缎带就行了。

红色与白色是圣诞老人衣服的颜色，他是圣诞节活动中最受欢迎的人物。圣诞老人名叫圣克劳斯，传说他白须红袍，每到圣诞夜，便从北方驾鹿橇而来。他身背大红包袱，脚蹬大皮靴，通过每家的烟囱进入室内发送礼物。因此西方儿童在圣诞夜临睡之前，要在壁炉前或枕头帝边放上一只袜子，等候圣诞老人在他们入睡后把礼物放在袜子内。在西方，扮演圣诞老人也是一种习俗。

圣诞节前后，大多数西方国家正值严冬，洁白美丽的雪花使圣诞节富有诗意。然而地处南半球的澳大利亚和新西兰此刻恰是烈日当空。由于天热，他们的节日活动极少狂欢，而是走亲访友，融洽感情。他们的圣诞食品以清凉为主要特色，各种冷盘、沙拉和水果最受欢迎。

西方人在圣诞夜全家要聚餐一次，餐桌上会出现火鸡、羊羔肉、葡萄干布丁和水果饼。其中，火鸡被叫做圣诞鸡，是圣诞大餐中必不可少的。英美人讲究圣诞夜吃火鸡，德国人则习惯吃烤鹅。

西方人在圣诞节相见时，要互道 "圣诞快乐"！英国人在这天一大早，就要通过窗户向邻人或朋友们高呼这句话。

2. 复活节

复活节是基督教用以纪念耶稣复活的一个宗教节日，但已经被世俗化了。复活节的日期是每年春分（3 月 21 日或 22 日）月圆后的第一个星期日。

复活节期间，人们经常相互赠送复活节彩蛋，它由鸡蛋涂上各种颜色而成。在古代，鸡蛋象征着生命。西方还有复活节小兔一说。兔子是繁殖力最强的动物，所以被人们选作生命的象征。时至今日，孩子们过复活节依然少不了吃兔子糖和讲述各种有关兔子的故事。

现在，西方各国在复活节时，大都举行游行活动。美国的游行队伍是化了装的，其中最受人们喜爱的是卡通人物米老鼠和唐老鸭。其他国家的游行队伍也都各具民族特色。复活节晚上，各家都要举行晚宴。晚宴上的传统主菜是羊肉和熏火腿，用羊祭祀是基督教信徒千百年来的传统，而猪则一直象征着幸运。

3. 狂欢节

狂欢节起源于古罗马的农神节，发展于中世纪，盛行于当代，是欧美各国的传统节日。狂欢节主要以辞旧迎新、憧憬未来为基本主题。在欧美诸国中保存最为完整的古老城堡——德国科隆城，每年慕名从国内外赶来欢度狂欢节的人不计其数。在节日里，科隆城到处是热闹的人群，各大小酒家、舞厅及娱乐场所被挤得水泄不通，人们相互致以节日祝贺，穿上节日的盛装，尽情地打扮自己。街上有大规模的化装游行，有彩车队、乐曲队、舞蹈队等，彩车上不时有礼物抛向人群，男女老少互相争抢，热闹非凡。

巴西的狂欢节是堪称世界之最的群众性集会庆祝活动。在狂欢节前，巴西人都要耗资购买节日服装、面具及食品、饮料等，即使借钱负债也在所不惜。首都里约热内卢是狂欢节的中心，狂欢节期间商店关门、工厂停工，人们不分肤色、种族、年龄、贫富、贵贱都是狂欢节的参与者，而巴西的圆舞、桑巴舞表演是狂欢节最精彩的节目。

在现代，狂欢节已成为许多国家人们抒发渴望幸福之情的节日。由于各国的习俗不同，狂欢节的日期也不统一，甚至在同一个国家中也有因地制宜的情况。多数国家定在气候适宜的二三月份举行。世界著名的狂欢节还有法国的春季狂欢节、加拿大的冰上狂欢节、欧洲狂欢节等。

4. 愚人节

愚人节是每年4月1日，在欧美的一些国家及地区都以开玩笑使人上

民俗礼仪

当度过这一有趣的节日。

此节的起因,一说是古罗马谷物神色列斯的女儿普丽芬丝在天堂玩耍时,被冥王普路托掠走,还欺骗其父色列斯到天堂去寻找,使其白跑一趟,由此沿袭成 "愚人节",成为提醒人们谨防上当的节日活动。另一说起源于法国,1564 年,法国采用旧历 1 月 1 日为一年之始的新纪元法,却遭到国内保守派的反对,他们依然按照旧历 4 月 1 日为新年,互赠礼品。为了蒙蔽保守派,改革新历法的团体继续在这天请保守派参加招待会,赠送给他们礼品。后来人们把这些上当受骗的保守分子称为 "4 月傻瓜" 或 "上钩的鱼"。从此,人们在 4 月 1 日便互相愚弄,成为法国流行的习俗,后来传到其他国家和地区。

不论哪一种传说,愚人节的内容与日期都是相同的。在这一天,人们可以尽情地相互开玩笑,甚至连报纸、电台、电视台也会故意制造一些有趣的 "新闻" 来戏弄人们。当然开玩笑也要掌握适当的分寸,不能损害国家的整体利益,更不能触犯国家的法律、政策;否则,不仅会受到道德舆论的谴责,而且会受到法律的惩处。

5. 情人节

情人节又称瓦伦丁节,每年的 2 月 14 日,许多欧美国家都把这一天作为表白爱情的甜蜜日子,是青年男女喜爱的节日。

节日这天,情侣们相互交换 "情侣卡",表示自己忠贞不渝的爱情。在欢乐愉快的情人舞会中,还要向情人送上玫瑰花以表示自己的爱心,也有的赠送巧克力或带有 "心" 形的装饰物、附有祝词的小卡片等。

不过,情人节并非情侣们的 "专利"。在这一天,任何年龄的人也可以向自己的父母、尊重的长者及相熟的朋友表达自己的一份情意。

6. 感恩节

感恩节又称火鸡节，为每年 11 月的第四个星期日。该节日起源于 1820 年，一些英国的新教徒为了摆脱宗教和政治上的迫害，远涉重洋前往美国马萨诸塞州的普利茅斯避难，后来在当地印第安人的帮助下，他们学会了狩猎、捕鱼、种植玉米和荞麦，才得以生存。第三年的 11 月最后一个星期日，他们准备了大批烤火鸡，并做了南瓜馅饼招待印第安人，用赛跑、射箭、歌舞等活动来感谢上帝的恩赐，报答印第安人。

美国独立后，林肯在 1863 年宣布感恩节为全国性节日，1941 年又获美国国会法定通过。从此，每年的这一天，美国总统和各州的州长都要发表祝辞，人们举行花车游行，并到教堂对上帝的慷慨恩赐表示感谢。然后一家老少团聚，围坐在火炉旁，品尝着包括火鸡和南瓜馅饼在内的丰盛晚餐，做着各种有趣的游戏，尽情欢乐。

7. 母亲节

母亲节又称为省亲星期日，起源于 18 世纪的英国，原是出嫁女儿回家探望母亲的日子。1921 年美国国会将每年 5 月的第二个星期日定为母亲节。

母亲节这天，人们向母亲献上康乃馨，或在胸前佩戴一朵花，以示对母亲的敬意。此外，每个家庭和教堂都要举行各种纪念活动。

8. 父亲节

父亲节是美国索诺拉多德夫人于 1920 年创立的，因其母亲早亡，父亲把两个子女在极端困难的情况下抚养成人，为了感谢父亲的培育之恩，她创立了这个节日。

1971 年，美国国会把每年 6 月的第三个星期日定为父亲节。届时子女们都亲手制作有意义的贺卡和小礼物送给父亲，以表示崇敬的心情。如

民俗礼仪

今，世界上很多国家和地区都有父亲节纪念活动，我国台湾省定在8月8日，这一天，儿女们都要回家向父亲祝福。

以案说礼

习俗禁忌

某女士是一名白领丽人，她机敏漂亮，待人热情，工作出色。有一次，她所在的公司派她和几名同事一道，前往东南亚某国洽谈业务。可是，平时向来处事稳重、举止大方的某女士，在访问那个国家期间，竟然由于行为不慎而招惹了一场不大不小的麻烦。事情的经过是这样的：某女士和她的同事一抵达目的地，就受到了东道主的热烈欢迎，在随之为他们特意举行的欢迎宴会上，主人亲自为每一位来自中国的嘉宾递上一杯当地特产的饮料，以示敬意。轮到主人向某女士递送饮料时，一直是左撇子的某女士不假思索，自然而然地抬起自己的左手去接饮料。见此情景，主人却神色骤变，重重地将饮料放回桌上，扬长而去。

原来，在那个国家里，人们的左右手有着明显的分工。在正常情况下，右手被视为"尊贵之手"，可用于进餐、递送物品以及向别人行礼；而左手则被视为"不洁之手"，用左手递接物品，或与人接触、施礼，在该国被人们公认为一种蓄意侮辱。某女士在这次交往中违规犯忌，说到底是由于她不了解交往国的习俗所致。

以案说礼

美国人的待客习俗

一位美国朋友邀请你去他家，你以前从未去过美国人的家，你不确定该怎么做。该带礼物吗？该怎么穿？该几点到？到了那里该做什么？很高兴你发问。你若是客人，只要使自己感到自在就好了。待客之道就是这样：虽然不是在家里，却使客人有宾至如归之感。

是否带礼物的问题常使客人不安。在某些文化中，送主人礼物不只是社交礼节，这是必要的一环。但是在美国文化中，客人并不一定要带礼物。当然，有些人的确会带些表示感谢的小礼物给主人。在一般情况下，带花或是糖果。如果这家有小孩，玩具应当是恰当的礼物。如果你选择不带礼物，也不必担心，甚至没有人会注意到。

美国人的待客之道从家里开始——尤其是和食物有关。大多数美国人都同意，无论如何，好的家常菜胜过餐馆的菜。受邀吃饭时，你或许可以问："我可以带些什么吗？"除非是每人带一道菜的聚餐，否则主人很可能会回答："不用，你来就可以了。"大多数非正式聚餐，你应该穿舒适、轻便的衣服，设法准时到，否则打电话告诉主人你会晚点到。用餐时，在习惯上，人们会称赞女主人烹调的美食，当然，最大的赞美是多吃！

当你吃得差不多时，或许可以主动表示要帮忙清理桌子或洗碗盘，但你既是客人，主人可能不会让你这样做。他们或许会邀请大家到客厅吃点心、喝茶或咖啡。聊个大约一小时或许就该离去了，你可不希望变得不受欢迎吧。还有最重要的，就是不要在屋子里四处窥探，等主人邀请你参观才较有礼貌。其实除了乔迁喜宴之外，客人通常都只待在客厅里。

美国人通常喜欢访客事先通知他们，只有非常亲密的朋友才可以不请自来，尤其在客人要在主人家待好几天时更是如此。最好不要久留——这是给访客的经验之谈。如同 19 世纪一位法国作家所写的："第一天是客人，第二天是负担，第三天就是讨厌鬼了。"即使是亲戚，通常也不会一

民俗礼仪

次待上几个星期。当你住在美国人家里时，设法使你住的地方保持整齐清洁。你的主人一家都会感谢你这么体贴，他们甚至会再邀请你！

大多数美国人都认为他们是好客之人，尤其是美国的南方人更以款待客人自豪，事实上，"南方的款待"是人们所津津乐道、口口相传的。在美国各地，人们都展开双臂欢迎他们的客人，所以当你发现有"WELCOME"字样的鞋垫时，不要惊讶，只是别忘了把你的脚擦干净就是了。

小贴士

礼仪小知识

1. 赴宴和设宴礼节

赴宴要适时，不能过早或过晚。过早会给人一种急着吃饭的感觉，过晚"阔席"更不礼貌。赴宴要仪表整洁、穿戴得体。女职员要将头发理好，男职员要把胡子刮干净，体现对主人及所有宾客的尊重。设宴招待客人要注意让客人的位置朝门口，并注意排列。

2. 参加招待会、酒会礼节

在招待会、酒会上，要多与外方人员接触，交谈时不能用手或刀、叉、筷指向对方。不能仅限于和内部人员一起交谈，冷落对方，更不能几个人将餐桌团团围住，一味吃喝、抽烟。进餐要细嚼慢咽，喝汤不要出声；饮酒适时，一般不得超过本人酒量的三分之二；可以敬酒，但不要劝酒；不能自酌自饮，禁止酗酒。参加自助餐招待会，在正式开始后方能取食物。取食要文明、谦让，不能争先恐后。会后，对招待食品的数量和质量不要谈论或流露不满，离开时严禁带走香烟等剩余物品。

3. 参与活动礼节

参加活动前，勿吃葱、蒜等有浓烈气味的食物。在接待活动过程中，要尊重对方的宗教信仰和风俗习惯。在宴请活动场所，不能随便吸烟；严禁随地吐痰，乱抛烟蒂、火柴梗和烟灰；咳嗽、打喷嚏、剔牙时要用手帕捂住嘴。

民俗礼仪

参考文献

1. 张丽娟、单浩杰:《现代社交礼仪》, 北京, 清华大学出版社, 2008。

2. 金正昆:《商务礼仪》, 北京, 北京大学出版社, 2005。

3. 周思敏:《你的礼仪价值百万》, 北京, 中国纺织出版社, 2009。

4. 万志全、史济纯:《论人与人生》, 大连, 大连海事大学出版社, 2010。

5. 百度空间, http: //hi. baidu. com/index. htm。